定時程、估預算、存夠錢
登出職場前該做的全方位計畫

提早退休
說明書

嫻　人◎著

3 按部就班
達成財務自由5步驟

4 實戰分享
完善計畫的最後拼圖

5 最終複習
不焦慮的退休規畫學

推薦序 退休規畫應超前部署

　　我是一個不追求退休的人，因為我的想法是，如果我能一直做著喜歡的事情，那為什麼要退休呢？但是我也知道，人生並不一定總是如自己的意，可能因為產業變化、健康狀況、家庭因素，而得離開工作，更何況大多數的人其實沒有這麼幸運可以做自己喜歡的工作，因此雖然我不追求退休，但是我也的確會為了離開工作而做準備，而我也建議大家應該做好退休準備，備而不用，保有繼續工作或過退休生活的選擇權。

　　但如果你到現在還沒準備，該怎麼辦呢？這時候就是嫻人前輩這本《提早退休說明書》有價值的地方了。嫻人是因為工作發生了變化，而意外提早退休的，在此之前她也沒有特別的準備。而這樣的經驗或許也可以帶給你一些啟發，以及讓你把獲得的知識化為展開退休規畫的動力。

　　我覺得經驗其實是比知識更難得的內容，而這本《提早退休說明書》裡面最有價值的其實也是嫻人提早退休的經驗，像是 1-3 中提及「提早退休前沒有想過的這 4 件事」

就很值得你超前部署，我想嫻人在寫這篇文章的時候，也一定有「如果我早知道該有多好」的感慨。

有幸先看過嫻人的新書，裡面的觀念我也很認同，為了不爆雷，在這裡也就不多做內容的重述，在此推薦序中，我特別提 3 點額外的補充，也希望大家有所收穫。

首先，1-4 中探討「要退休，錢是不是最重要的事？」嫻人的說法就請大家自己閱讀，我這邊其實是想強調，退休規畫絕對不只有錢這件事情，財務當然是裡面很重要的一環。但簡單來說，你應該可以理解，你準備再多的錢，萬一健康狀況不好，錢也都會因為醫療費用而花光光。所以退休規畫，維持自己的身心健康，絕對是非常重要的一環，這部分在《提早退休說明書》著墨較少，畢竟此書本來就先以財務上的內容為主，但或許是嫻人下一本書的主題也說不定。

第 2，提早退休，主要是為了拿回人生的選擇權（詳見 1-5）。這同樣也是書中的主張，退休不是什麼都不做了，而是去做真正喜歡的事。就像是嫻人自己，退休之後開始寫作、分享退休心得，現在更是出書、出現在許多電視節目當中，但這些「工作」並不是迫於家庭經濟壓力下的無

奈而必須去做的事情，反而是嫺人自己能夠做得開心、有成就感，甚至也因為能增廣見聞、豐富人生經歷，因此特別喜歡的「工作」。所以你知道如果明天開始「退休」了，可以去做什麼事情了嗎？你可能還不曉得，在這本書裡面，嫺人反而分享了自己退休生活中的「工作清單」！歡迎大家趕快翻翻書尋寶一下！

第3，退休遇到通膨之後強升息造成的資產下跌，該怎麼辦？就如同嫺人在書中所說，「人在工作的不愉快到達頂點之下，傾向把退休後的花費想得比較容易」。如果原本規畫退休之後每月支出 3 萬元，但遇到通膨，每月支出 3 萬元已經不太夠了，結果又遇到像是 2022 年的市場，股、債都跌的情況，應該會覺得特別的慌。但這其實是財務規畫上的風險管理問題，退休後，你手頭上的現金部位如果夠讓你安心，那麼其實就不太需要擔心市場的漲跌。例如你維持 100 萬元的現金，夠你用 2 年，那麼 2 年後也許市場恢復了，其實就可以正常提領，而不受股災的影響。

當然，還是有很多風險無法或難以被規畫，例如萬一發生戰爭該怎麼辦？但是退休規畫不是、也不需要預測未來、處理所有風險，而是做好自己能做的事情，例如健康上有沒有安排保險？知不知道為什麼老年維持肌力反而比年輕

時更重要，所以有需要的時候應該請教練？這就是自己能做的事情。想知道更多退休前你可以做哪些準備，接下來你可就要好好閱讀《提早退休說明書》這本書囉！

李柏鋒

鋒哥

推薦序 人生有餘 退休無虞

　　前陣子有朋友談到想要靠投資退休，其實以他年薪300萬元、有房有車，已算是別人眼中的人生勝利組，但卻仍對於能否存到足夠的退休金而擔憂，何時才能拿回自己的人生呢？

　　對於退休後的未知，每個人都有著相當程度的退休恐慌……。

　　近年台灣進入老年化社會，延伸出不少 FIRE（Financial Independence, Retire Early；財務自由、提早退休）的熱門議題。也不禁讓我深思，退休到底該做好哪些準備，且該如何克服退休後伴隨而來的意外花費和衝動消費？

　　恰好看到「嫻人的好日子」的臉書粉絲頁，上面分享被迫提早退休的經驗及退休後的投資理財方式。版主嫻人此次出版的新書《提早退休說明書》，集結許多面對退休、還有提早退休該做好的準備。對老牛來說不管是心理上還是物質上，都獲益良多。

退休前要先做健檢

老牛也藉著這次機會，跟大家分享幾項我正在做的 5 項「退休動態健檢」：

1. **建立退休思維**：提早退休，必須面對的是減少工作年資，直接導致退休金減少；而且提早退休等於少了一份工作收入，手上資金要撐的時間，也會比正常退休的人還來得長。

2. **了解財務狀況**：目前處於人生哪個階段？家庭狀況如何？手頭上有哪些投資？財務規畫必須隨機應變，並且要保持一定的彈性。

3. **追蹤生活開銷**：養成記帳的習慣，並且定期檢視自己的消費習慣。找到舒適的開銷水準之後，再擬出適合你的每月花費。

4. **計算退休數字**：退休年齡跟形式沒有絕對，可依個人狀況選擇退休型態。在退休前務必要確實的詳細規畫要如何退休，預先推算足夠的退休金。

5. **實現經濟獨立**：其實並非單純累積財富才能提早退休，

退休的意義在於實現經濟獨立，不再被工作綁住，好好把握機會，實踐一個更有意義也更有價值的人生。

　　想安心退休，除了前面所說的從記錄開支，定期統計、建立退休金計畫外，透過投資來配置退休的安全財務網也相當重要。有關退休金的理財，作者也詳加敘述了我們常見的股息投資法，還有指數投資法的差異；提早做好資產配置，對於仍然還在職場的投資者，此段內容也相當重要。

　　沒有一個人想要成為「下流老人」！每個人心中都對於退休有無比的嚮往，但你真的做好準備了嗎？退休生活同樣需要面對風險，作者點出了許多人在退休前沒想清楚的問題，並且耐心地逐步解釋。有一個這樣提前退休的前輩，幫忙點出退休會面臨的問題，就算對於離退休還有 10 多年、甚至 20 多年的讀者們，也能勾勒出一些對退休計畫的願景。

　　相信大家閱讀後，不會再對退休兩字恐慌，反而能打造出一座夢想中的退休天堂島。

股海老牛

自序 退休不是可以輕易做的決定

我是嫻人，我在 2017 年，49 歲，正值職場巔峰時提早從金融業登出。因為是意外的狀況，對於退休我可以說是完全沒有準備，也因為這樣，我度過了一段暗黑的適應期。

在人生的最低潮中，我想，既然我的職涯比別人短暫，換個角度，那代表我能夠累積比別人更多的退休經驗，那何不把這段摸索退休財務和適應退休生活的經驗如實記錄下來？

於是，我就這樣開始自學，架了「嫻人的好日子」部落格網站，後來又開了「嫻人的好日子」臉書專頁，和「嫻人的中年人咖啡館」社團。追蹤我的朋友估計有 7 成以上其實還沒有退休，甚至距離退休年齡還很遠。

後來會受到關注，是我沒想過的。我沒想過我在低潮中記錄逆境的歷程，竟然能激勵到擔心職場危機的中年族群；也有些人來看我的部落格，是因為對於提早退休這件事感到好奇，有些人則是把我當成他們虛擬的退休準備教練。

人生很奇妙，一開始我當然不會想到茫茫網海中，我的部落格會有幾次引起媒體的關注，以至於到了 2022 年，陸續有大約 10 家出版社詢問我是不是有出書的想法，要非常感謝這些與我聯繫過的出版社給予我的肯定。

我為什麼要寫這本書？

一開始我跟出版社說，市面上寫理財和退休的書那麼多，是不是不缺我這一本？而且，第 1 家出版社來接洽時，正值我的父親需要照顧的時候，在那種緊繃的心情下，沒能下決心接下需要專注的寫書工作。

直到曾經採訪過我的《Smart 智富》月刊和我聯絡，因為 2019 年時，編輯部的副總主筆劉萍小姐（現為總編輯）是第 1 位採訪我的媒體人，基於感恩與緣分，我才認真地考慮這個可能性。

另外一個激起我決定寫這本書的原因，是因為《Smart 智富》出版資深主編黃嫈琪小姐與我聯絡時說，「雖然很多人喜歡冒風險賺快錢，但也有不少人想找到安全又能穩健累積資產的方法，只是不得其門而入。若能透過您的文章，讓更多人學習到如何安心準備退休金，做好提前退休

的準備，相信能造福許多徬徨的投資者。」這讓我想起來，過去幾年我已經在部落格寫了相當多的文章免費供大眾參考，但是陸續有讀者詢問我，我的部落格要從哪裡看起？

所以我想，也許我可以將部落格中最關鍵的文章加以整理、編排，並加入不容易在部落格中呈現的內容，希望能夠幫助到更多人進行有條理的閱讀，也希望成為中年人往退休路上可以時時翻閱並感到安心的參考書。

也非常感謝黃主編在這本書編製的過程中給了我許多寶貴的意見，讓這本書更加嚴謹與容易閱讀。

當然也一定要感謝過去幾年追蹤我、留言給我，特別是在幾次講座現場熱情過來相認的朋友，讓我知道我這些退休理財和退休適應的紀錄，是有幫助的。承蒙讀者信任，偶有朋友與我分享他們的實際經驗，包括理財面和退休生活面，有些人能夠順利退休成功，但也有朋友退休後才發現準備不足，又重返職場。

中年有點苦，我希望這本書可以協助更多人在中年之後避免繞理財和退休決定的冤枉路，更希望這本書能成為苦悶的中年人前進的補帖與力量。

這本書能帶給你什麼？

在我經營部落格的幾年間，最常被問到的問題之一是「多少錢才可以退休？」有人說，「700 萬元就可以退休了，人生不必想太多。」也有人說，「我都有 3,000、4,000 萬元，還不敢退休，隨便就想提早退休的人真是太天真了。」

其實退休需要多少錢，那要看你想過怎樣的人生，和視每個家庭都不相同的背景狀況而定。不要因為這些意見而過度樂觀，也不需要過度悲觀而焦慮困擾，更不要試著把別人的鞋子硬套在自己的腳上。

意外退休如我，剛退休時，對於有多少錢才能安然退休，我也一樣會憂慮；在擔心財務的心情當中，我開始閱讀美國的財經資訊和有關於退休理財的書籍，雖然國情不相同，但是當代最扎實的知識來源還是美國。

我想知道到底怎樣的理財方式，對於像我這樣一個提早退休的人來說是最安全可靠的，畢竟退休之後的人生，不像年輕人一樣犯了大錯也能一再重來。

我希望透過我整理我的閱讀，和實際經驗過可行的方法，

讓你對於退休理財和退休人生，不但能夠有信心，而且是一種「務實」的期待，和「做好準備」的信心。

1. **退休準備雖然愈早開始愈好，但中年開始也不嫌晚**：我在上班階段做過無效的理財，直到退休後才重新調整；不要為過去沒做好的事後悔，現在趕快開始做對更重要。

2. **雖然說中年開始也不嫌晚，但要知道人生不再有很多個 10 年**：年輕的時候我們可以嘗試錯誤，但是進入中年之後，不再有很多個 10 年可以重來。我希望這本書能給大家退休理財的選項，也提供退休生活安排的一些提醒，我希望你可以謹慎評估，做下對自己適合的選擇。

3. **意外總在不覺得會發生時發生**：人生不是一直線，就算不是職場危機改變你的人生，中年後也還要面對長輩照顧、自己的健康問題等種種的意外；而不管老天爺發來什麼牌，我們都要能安然接招。這本書的後半部，我為大家精燉了給中年人的雞湯，我希望透過我的經驗，協助大家為人生難免的意外做最好的準備，甚至提高「好的意外」發生的機率。

以大家最關切的退休理財來說，不管是美國、日本和台

灣，「指數化投資法」和「股息投資法」都有為數眾多的信奉者。作為一個兩者都有採用的退休者，我想分享我的真實經驗與利弊評估。即便是信奉者眾多，也不代表任何時間點採用這兩種方法就一定可以高枕無憂，投資理財不僅是理論，它更是心理面的考驗。

寫這本書的時候，正逢美國標準普爾 500（S&P 500）指數從 2022 年 1 月最高點的 4,818.62 點下跌到 6 月的低點 3,636.87 點，跌幅將近 25%，達到進入熊市的標準；而台股也從 2022 年 1 月最高點的 1 萬 8,619.61 點下跌到 7 月的 1 萬 3,928.66 點，跌幅也是超過 25%。在市場這麼差的情況，出版一本這種看數據都是負面消息的書，是不是好時機？不過，我想也就是這種時間點，可以看到所有投資工具在壞時機下顯現的特性，也能提醒讀者在投資路上，要更注意以資產配置分散風險的重要性。

這本書不能解決的問題是什麼？

我不是要來說我知道如何快速致富，我的退休過程沒有從虧損幾千萬元，到資產翻倍成幾千萬元那樣的傳奇情節；我要分享的是一個如何理性規畫，然後可以在退休後「不必擔心退休金燒光」的方法。我也不是要分享即便退休金

不足，但是透過投資理財就可以彌補這個缺口的撇步。

　　穩定工作直到兒子高二，加上儲蓄的習慣，還是我能提早退休的主要原因。而怎樣捧著這份人生最後的一桶水，不要漏水，甚至能找到源頭持續加滿它，這是我的退休旅程，也是我想要做的分享。

　　退休約 1 年的時候，不知怎的被一個電視節目發現，和其他兩位比我更早退休的男士去上了那個節目。那一集節目討論的主題是「FIRE（Financial Independence, Retire Early；財富自由，提早退休）」，2 年後我再去看這個節目上架到 YouTube 的影片，下面有則留言說，「這種節目真是腐化人心」。

　　多麼澄澈的批判。我其實能理解為什麼有人會這麼想，畢竟宣揚提早退休這種理念，好像是在鼓吹對於高齡化帶來的風險視而不見，不戰而敗。所以我自己雖是提早退休，但並不想鼓勵「FIRE」；我只想鼓勵「FI」，早一點有計畫地達成財務自由，讓你的人生擁有重新選擇的權利。

　　我個人非常支持在職場上發揮專長，如果不是當年特殊的狀況，我會繼續我的職涯。但是，如果有天發現身心已

經無法支撐你的工作，又或是，有天發現職場並非對中高齡友善，那麼同步為自己打算，做好萬一不能繼續貢獻才能時的財務準備，那真是非常務實而必要的一件事。沒有人有義務為我們的下半生埋單，日本公司的終身僱用制早就崩潰，公務員也有可能過著不如歸去的日子。

我退休 5 年來，靠著美國「4% 法則」的原理來投資理財和管控消費，承蒙老天保佑，到了本書要付印前的 2022 年 9 月，經過 8、9 個月令人憂慮的震盪，我的資產還是比 5 年前剛退休時成長，也建立起股債配息的被動收入。

我的退休生活、我的未來長照，不靠兒子，不靠某家企業，我不會指望勞保停止改革，我會自己埋單。

以這本書，與身處中年危機或是憂慮職場危機的大家共勉之。

嫻人
2022年9月

開始之前
關於提早退休經驗談

1-1 中年遇職場危機 退休提早6年來報到

我在 49 歲的時候,提早退休了。

很多人到了中年,最擔心的事就是職場危機。是的,那時還真的被我遇上了。

當時的狀況,並不是公司突然發紙箱給我並收回門禁卡那樣的情節,而是持續一段時間溫水煮青蛙、慢慢進行的。

組織異動後面臨空轉,終走上離職一途

2017 年決定從職場退出之前的幾個月,有天中午休息的時間,看到手機上推播樂活大叔施昇輝先生的《走過失業,我喜歡現在的人生》書中的一個段落。那時我還不認識樂活大叔,不過那篇網路推播的文章,吸引了我的目光。

當時公司內部有一些組織的異動,書中施先生描述離開工作前在職場的處境,竟然和當時我的處境有些類似。我

仔細讀著那篇文章的每一個細節，像是施先生在公司的最後一個尾牙，他的團隊被安排在柱子後面看不到舞台的地方，那些文字在我當時看起來怵目驚心，我想著，下一個尾牙，會不會我也被安排到柱子後面去了？

又撐過了幾個月，事後回想起來其實是浪費人生的職場空轉與虛耗。我是公司的開國元老，作為改朝換代後的前朝遺老，我已經撐得夠久了；再說，那幾年常常會聽到像是薪水太高這種必須檢討的事項，我意識到環境的不友善。

有天，當真的有同事被人資找去討論減薪的事之後，我主動找了人資，離開了工作超過 10 年以上的公司。離職生效的那一天，我剛滿 49 歲。

我還記得那時人資面色凝重地問我：「妳確定要這樣？」

我很篤定地說：「對！」

也許當時要硬撐也不一定不可以，我看過不少人在職場上可以絕處逢生。以前曾有長官一度被貶到專員室，過了幾年竟然奇蹟似地不但翻了身，還扶搖直上。等我聽到長官說起這段陳年往事的時候，他已經是董總級的人物；這

樣的人生挫敗，已經能當作講古，津津樂道説給我們聽。

我沒能在職場更加發光發熱，不過我這一介丟了名片的阿桑竟然也能上了媒體、寫了書，因此，誰知道當年硬撐下去圖個溫飽，就一定會不行？情勢總是不斷在改變。

其實我也總是這樣勸著來諮詢是否該退場的讀者，不要急著決定，再觀察看看。那是因為我經歷過退休後的不適應期，真心覺得在一種好的氣氛下離開工作，會讓你的退休銜接好上許多。只是當年的我，就是厭惡那種已經醞釀了好一陣子的虛耗，我這個乖乖牌，決定就這麼灑脱一次。

保持耐心是苦的，但果實是甜美的

離開職場並沒有眷戀，只是率性決定離開之後，還是度過了一段適應退休新身分的時光，在抓不到新的生活重心的失落感中，上演過離家出走的劇碼。

那麼幾歲退休比較好呢？如果工作順利，我想我並不會特別思考這個問題，也許就天經地義地工作到 65 歲了。

有些人可以記得幾十年前發生的事情，描述起細節，好

像就只是昨天的事。我則相反，記性很不好。

到了退休後 4 年多，有次偶然和我的姊姊聊起來，當她說，「妳 40 歲左右的時候就在講不想工作，想要退休了。」我驚訝地說，「有嗎？」

我自己都忘記了，我一直認為自己很熱中於工作，經她這麼一說，才想起來，真的有那麼回事。

那一年公司經歷了一次改朝換代的組織變動，當時的變動給了我更大的舞台，將近 10 年間，我的薪資又成長了50%。但是，組織調整後產生的摩擦一直沒有撫平，想起來，不少時間浪費在無謂的競逐與猜忌。

我撐了下來，又過了將近 10 年才真正走到職場的最終點。那這 10 年間我有生不如死嗎？

有時候你覺得前面一片黑暗，沒有路了；但如果你沒有放棄，或許山窮水盡的盡頭其實還有路，堅持過去，上天會給你回報。

經過我姊姊這樣一說，我覺得好險 40 歲的時候沒有衝

動，這讓我 49 歲退休的時候雖然也是突然，但有了比較合理的退休條件，不管是經濟面或是生活面。有句話，「Patience is bitter but its fruit is sweet.（保持耐心是苦的，但是它的果實是甜美的）」。

如果你正覺得工作或是生活中哪些事考驗著你，再保持耐心一下，也許一溜煙幾年的時間過去，回頭望，你也能從中看到這些辛苦的經歷帶給你的價值。

回頭看，55歲應是最早適合退休的年齡

那麼，幾歲退休比較適合呢？

退休後重新思考，我認為最早適合退休的年齡是 55 歲。這個年紀還不至於這裡痠那裡痛，我和老公從年輕的時候就喜歡背著背包去自助旅行，這個年紀退休應該還可以進行好幾年；另一方面，55 歲是政府提供銀髮服務的起始年齡，應該也算把這輩子受過的教育發揮到對得起耗用的社會資源了。

在我兒子出生那年，我的先生就決定脫離上班族身分開始創業，那時 30 幾歲的我工作還可以，也就支持先生去

做他想做的事；家裡大小費用由我來搞定，包括保母費、幼稚園費用，一路又支應了兒子的私立國中到高二的教育費用。當然到我退休之後，家用的部分就轉由先生負擔，而我則負責個人的開銷，算是一個接力賽的家庭。

如果可以在 55 歲退休的話，兒子已經念完大學或研究所，是可以開始工作的時間點，我的這項任務可以有比較完整的結束。

但是，我的退休卻意外提早了 6 年來臨。

⓵⁻² 退休後只快樂1個月 旋即被不安淹沒

退休之後我才發現，49 歲退休不算什麼，媒體報導的提早退休有很驚人的年輕案例。

像是臉書粉絲頁「Winnie 散漫遊」的版主 Winnie，33 歲就提早退休。33 歲在我看來，是職涯正要進入黃金期的年紀，怎麼會談結束？但她和先生兩人運用 4% 法則（3-4 中我會再說明）的觀念達到財務自由，提早退休，參與孩子的成長過程，甚至帶著孩子環遊世界。

也有像是出了好幾本書的「老黑」田臨斌先生。他是 45 歲退休，一邊追求人生的職志，一邊實現搭郵輪環遊世界的渴望。

環遊世界擴展眼界，一路玩到掛等等，似乎是提早退休的典範。

但是，在意外退休的我的眼中，這種美好例子距離我非

常的遙遠，我相信這樣的早退族在付諸這麼令人羨慕的行動之前，都做過了扎實的準備，和我這種意外退休族根本是兩回事。

退休之前，我並不知道什麼是財務自由，什麼是 4% 法則，剛退休的時候看到這樣的故事，我的內心沒有迴響。

後來，我在日本的媒體報導上看到東京大學畢業的井出有希小姐的故事，她從東大畢業後任職於高盛證券等優秀的大企業。她成為日本媒體關注的焦點有兩個原因，一是以東大的背景被裁員過 2 次；其中 1 次還是發生在夙夜匪懈、努力工作了 9 年的公司，有天突然被老闆叫去，請她趕快收拾東西，還沒有時間和同事道再見就得倉促離開。

另一個她被媒體關注的原因是被裁員 2 次之後，她開始思考為企業賣命努力工作的意義，並決定自己創業。

2017 年，她 38 歲的時候成立了新創株式会社シェアダイン（SHAREDINE），提供一種共享廚師的服務；因為看到現代雙薪家庭忙碌，沒有辦法好好在家吃一頓飯的外食問題，她募集了營養師和餐廳廚師，提供外派到家準備餐點的服務。

　　她 2 次被裁員都是在 30 幾歲的前半段。其實我在 36 歲的時候也曾經因為外資撤出台灣被裁員過 1 次,可能沒有像她短時間發生過 2 次那樣大的衝擊,所以並沒有激起創業的動力。

　　當時因為還年輕,我還能夠很樂天地在家上網買東西休息,因為有種傻傻的信心覺得自己還年輕,應該不會找不到工作。

　　而我在第 2 次「類被裁員」的時候已經 49 歲,心態上已經到了覺得人生的職場階段可以告終的年紀,退休當下的確有「也許可以去創業試試看」的想法。

　　但是到這年紀,終究會開始評估自己的人生剩下多少時間、要冒的風險問題,也開始看到和自己差不多年紀的友人從人生登出,會想,也許我該開始過一段悠閒的生活來慰勞自己。

　　雖然離開職場怎麼說都是自己採取了結的行動,但退休初期的解放感很短暫。我還記得退休第 1 天,就約了也退休的朋友去唱歌喝下午茶;剛開始還常常在老公出門後一邊看新聞一邊睡回籠覺,搭配剛退休時的初秋天氣,輕鬆

而悠閒。但是，1個月左右後，解放感被不安的感覺淹沒。

那時候心裡不安的有 2 件事：

不安1》工作近30年卻沒了名片，如何自處？

我真的要變成一名家庭主婦？或是照顧長輩的看護？上班將近 30 年，我不知道要如何以家庭為唯一重心自處，那是一種站也不是，坐也不是的莫名尷尬。記得有將近 1 年的時間，我只要經過辦公大樓，都還會觸景傷情，我怎麼不在樓裡面了？我能做怎樣言之有理的簡報，也派不上用場了。

雖然這麼說，我並沒有因為離開職場的事懷疑自己哪裡不好，我只是一時找不到自己的新定位。

後來有些朋友開始認出我就是「嫻人的好日子」部落格的版主，會來表示安慰。我其實不需要這種的安慰啊！與其說失去，回想起退休這幾年，我獲得更多如果我還是上班族不會有的經驗。

我願意簡化，幫自己勇敢冠上「被退休」的形容詞，因

為我覺得那一點也不代表什麼；**工作只不過是養家餬口的管道之一，最後都會煙消雲散，人人最後都要下台一鞠躬。**

重點是，沒有了工作的那一天，你剩下什麼？

我很高興現在我可以說，我的價值由我自己來增加或減少，不在於別人對我的肯定或否定。而已經遠離職場的我，不用再和世界爭辯了。而人生很奇妙，在我退休之後的第4年，開始有機關團體邀我去演講，我又開始需要做簡報了。雖然退休愈久，愈喜歡清靜一點的生活，但還是感謝上天給我這樣的肯定與安慰。

不安2》我的退休準備金水位到底安不安全？

決定離開職場的時候我不是沒有帶著意氣，財務面雖然每月都有固定統計資產的習慣，但是等到離開職場後沉澱下來，我才開始想，退休後的理財應該是怎樣？以前投資基金停利停損的方式，對於退休後可能是數十年的生活，是否可行？我不知道我這樣的退休準備金水位是否安全。

以前在金融業服務的時候，推出來的商品好像都可以輕易地安上「這很適合退休規畫」的行銷用語，現在想起來

是大誤的自以為是；金融行業裡面在製造商品和做那些包裝的人，有幾個人親臨現場退休過？現在是要用我自己的子彈，來真槍實彈地上場了。

也是剛退休不久，有次到超市去買東西，聽到旁邊 2 位看似 60 幾歲的男人在聊天，說他們都有超過 100 歲的朋友，我不確定他們是在羨慕還是在害怕著。

這段對話到過了好幾年的現在我還一直記著，因為這段話，真正把我帶到退休的實況現場——萬一我不小心活太久怎麼辦？我的退休金夠不夠撐到我活到 100 歲？像我這麼早離開職場，最快也要再 10 年，也就是 60 歲時才能領到比別人少的勞保老年年金。

也許有人會說我想太多，不過我的父親也是 50 幾歲的時候離開他的廠長職位。一份薪水栽培我們 5 個子女到大學、研究所畢業已經很厲害；但是也相對地，他沒有很傲人的存款。在父親退休之後的 30 幾年之間，子女的孝親費成了他重要的經濟來源，而最後他 90 歲離開的時候，剩下的存款只有差不多剛好可以辦一場後事。

都說「破產上天堂」是福氣，但是也真的不容易，在瀕

臨破產又還沒走得成的那一段時間，這麼長壽化的社會，會在那裡害怕著的，是也已經步入晚年且自己開始需要退休金養老的子女。

我只有 1 個兒子，可不能寄望他到 50、60 歲，除了擔心自己還要背著我，成為我人生最後幾年主要的經濟來源。

我是可以兩手一攤靠先生，不過我們各自財務獨立，我不知道也不想去問他有多少錢；再説，我把能夠財務獨立視為自己這輩子的重要成就，我可不想輕易就拆掉這座我給自己預立下的牌坊。

至於有人説，退休後，錢不是最重要的事，懂得如何安排生活才是關鍵；這在我度過退休適應期，也就是和先生大吵一架而離家出走飛去東京之後，情況就好很多了。

經過離家出走的事件，我體悟到，**退休後我更應該注意安頓好自己，仍然保留和家人之間適當的空間。**在本書的第 4 章中，我也想和大家分享。

⓵-₃ 沒具體思考過這4件事 退休初期財務危機感暴增

　　回想起來，為什麼我剛退休的頭2、3年對於退休準備金會有高度的緊張感，是因為我雖然有理財的習慣，但有4件關鍵的事我從來沒有具體思考過：

第1件事》我沒想過會少領這麼多的退休金

　　我還在上班的時候薪水還可以，感覺距離退休還很遙遠，當時的我也沒有想到勞保、勞退（註1）是需要關注的事。直到退休後我才發現，因為生活開支減少，如果不要考慮勞保基金是否財務吃緊甚至破產的可能，那每月雖然不多的2、3萬元，其實也可以是重要的退休資金來源之一。

　　有些人會說，其實有500萬元退休就沒問題，如果注意

註1：此處「勞保」指勞工保險制度的老年年金給付，保險年資滿15年且達規定退休年齡始可請領。「勞退」為勞工退休金制度，2005年7月起實施新制，雇主每月為勞工提撥至少6%至勞保局設立之勞工退休金個人專戶，60歲始可請領。

看一下，這樣說的人大多是 60 歲以上；對於想要更早退休的人來說，當然不能看到這個數字就覺得很安心。

而對於已經累積足夠勞保年資的人來說，如果每月勞保老年年金可以領到 2、3 萬元，再加上勞退應該也能累積到比較多金額，的確自備退休金的壓力會小很多。

但矛盾的是，真正工作到 60 歲退休的人，許多人存到的退休金早就不止 500 萬元，能工作到 60 歲的時候再去面對退休這件事，一定比較輕鬆。

對於像我這樣 50 歲上下從職場登出的人來說，500 萬元要撐到 80、90 歲，那幾乎是不可能的事，而我們能夠存到的金額勢必也會比 60 歲退休的人來得少很多。

如果說，想到退休盡是遊山玩水、自由自在，可以甩掉不愉快的工作，大家都會想要。但是如果告訴你因為提早 15 年退休，所以你在勞保和勞退少拿的部分，加上 50～65 歲之間需要的生活費，會讓你比 65 歲退休的人要多自備 1,000 萬元退休金，那你會不會三思？會不會想再繼續工作幾年，讓政府和雇主多幫你負擔幾年的勞保保費，還有勞退的退休金？這還沒有算入這多 15 年的工作，你能

夠多賺取的薪水。

這也是我自己雖然提早退休，卻常常建議朋友對於提早退休要想清楚的主要原因。即便大家都擔心勞保會破產，也不要輕易地就覺得這些年資因此對你沒有差。

不過請也別因此闔上這本書走開。

當然 50 歲的時候，如果算好了賺夠這輩子用的錢，也不一定要去想因為沒有多工作 15 年會少掉什麼，這是每個人自己人生的選擇。

老天爺也可能調皮開玩笑。在我退休之後，我的兩位前長官陸續離世，一位在 61 歲離世，而另一位則是走於 70 歲；像這樣，就算因為多工作幾年而多累積了退休金，也派不上用場。至於是不是該為他們惋惜？就我知道，他們都是樂在工作，也許人生的價值並不是取決於生命的長短，也或許並不需要為沒花完的錢感到可惜。

人生總是有計畫趕不上變化的意外，除了像我一樣遇上了職場危機，我還有幾位很優秀的朋友，後來是因為身體的狀況必須提前結束他們的職涯。

　　不管有沒有要提早退休，做好準備，在進入 50 歲之後，讓自己對於萬一需要提早退休愈來愈有踏實的把握，對財務安全還是一件重要的事。

第2件事》我沒想過退休後這樣理財不行

　　我之前雖然在金融業工作，不過別以為在金融業上班就很會理財；當時我接觸最多的就是投資型保單和基金停利停損這些東西。還在上班有收入的時候，沒有感覺這樣做有什麼問題；退休後 2 年，我雖然開始投資股市，但還是持續部分基金的投資，只是一旦退休之後，就無法忽視停利停損這種投資方式的不可行之處。

　　我在 2017 年退休那年，基金投資停利了幾十萬元，但是到了 2018 年市場下跌就無利可停；對於一個距離可以領勞保老年年金還要 10 年以上的人來說，如何能夠跟著市場載浮載沉？我不能到七老八十的時候，還過得這麼不安穩。

　　我感覺需要有穩定的現金流。

　　在不安的心情當中，我看了幾本國內的理財書，也到美

國的財經專欄或是提早退休的人寫的部落格中，去尋找如何理財才能讓退休金撐到老的答案。

　　因為這樣，我找到了美國媒體報導中常看到的退休金 4% 法則，而雖然我後來改用比較保守的 3% 法則，不過這個退休金理財、資產配置和退休費用管理的架構，大大降低了我對於退休金能不能撐到老的擔心。在本書的第 2 章和第 3 章將仔細說明。

第3件事》我沒想過會有這些意外花費

　　退休後因為非常擔心退休金不夠，所以我相當的節省，延續退休前幾年就養成的記帳習慣，發現生活費比退休前減少大約40%。很多人說高薪的人退休後也會由奢入儉難，這對我不是問題。

　　像是我都不上班了，也就沒有必要去百貨公司週年慶買化妝品，以前上班的時候常買到化妝品公司讓我直升到最頂樓的 VIP 室，退休後光是減去這些為了上班添置行頭的費用，就省了不少錢。

　　不過，再怎麼省還是有些意外的心痛花費：

① 跟著我的退休陸續退役的電器

我退休後 2 年內,冷氣、瓦斯爐、熱水器、烤箱、紗窗、免治馬桶座接力故障,幸好洗衣機和冰箱是退休前剛換過。我觀察旁人也有類似狀況,像是廚房改裝花了 50 萬元,牆壁重新粉刷看面積、換沙發看品質,一次也是好幾萬元。

② 一半靠自己,一半靠老天臉色的醫療費用

就在我對於預算控制良好感到自滿的時候,退休以前做過根管治療的牙齒出狀況了。原來的牙醫診所告訴我,傳統根管治療沒有辦法解決,要我去找可以做「顯微根管」的醫院或診所;一問之下,包含牙套,大概是 5 萬元起跳,在這之後又有別的牙齒需要做嵌體補牙。牙齒的費用有 2 年堂堂登上我的消費排名前 3 名。在朋友當中,我並不孤獨,為牙齒花過傷心的銀子的人並不在少數。

而説起來牙齒還算是小錢,退休後幾年陸續有親戚朋友身體出狀況,癌症免疫療法和細胞療法等等,從 200 萬元到 400 萬元都有聽過,如果在比較年輕的時候生病,多半不會放棄積極治療的機會。

③ 父母的安養費用

退休後看父母存款還可以,鼓起勇氣跟老爸稟報並停止

上繳孝親費。不過雖然是這樣，退休之前就有固定每週回娘家探視的習慣，在退休後回娘家的頻率當然更高。

經我統計，即便沒有固定給孝親費，回娘家多少伴手帶東西，或是逢年過節還是會包紅包，結果退休後因為自己比較節省，回娘家的費用反倒變成我的消費第 1 名。

而奇怪的是，除了我，其他手足也都花了錢在父母身上。我的父母在我剛退休的時候還有幾百萬元的存款，但是消耗的速度卻比想像中快速。在我退休後第 5 年，因為陸續支付父母較大筆的住院費和外籍看護的費用之後，開始有了兄弟姊妹之間重新討論如何分擔的必要。幸好經過退休後整理好財務，也還好手足人數多，還不至於因此成為退休金大縮水的壓力。

其實也還有一些其他的費用，我自己還沒有遇到，但是觀察其他已退休前輩的經驗，大家必須警戒的潛在花費還有以下幾項：

④ 子女的費用

最常見的是子女的海外留學費用。另外，因為少子化，不少人甚至會支持成年但沒有真正獨立的子女，包括支付

房貸，甚至幫忙到孫子輩的費用等等的。剛開始耳聞的時候，我心裡還暗暗覺得這些父母何必做到這種程度。

不過因為學習日文，我有次在日本的新聞報導中也看到很類似的狀況。有一對日本 70 幾歲的夫妻，雖然每個月有 41 萬日圓的年金，還是表示「退休金不夠用」，因為連孫子的學費都要從年金裡面支出。看起來不能把成年子女對退休金的影響這問題看得太簡單，以為換成是我一定不會這樣。

⑤ 中年危機的衝動消費

美國有所謂的「中年危機車（mid-life crisis cars）」，通常的印象就是一輛紅色的跑車，然後最好還幻想裡面坐著一名美腿豐胸的辣妹。而我發現身邊的台灣男人，也有好幾位在 60 歲左右忽然興致勃勃買了賓士車，有次我在上課的時候分享這件事，聽眾中有人噗哧笑了出來；而在臉書貼文分享這件事時，也有朋友留言說，「對對對，我的鄰居也是。」有趣的是，有些人買了賓士車後才發現保養維護太燒錢，後來又賣掉換成比較平價又耐操的車款。

上面這些，在預估退休金時很容易忽略，我將在 3-2 仔細說明。

雖然我自己到目前的實際經驗是退休後費用比退休前低，但是在我的臉書上留言的朋友，也有不少人指出他們的退休後費用是高過退休前，而且有好幾位提早退休後又因此重返職場。

在漫長的歲月中如何在自己的退休預備和支持家人之間取得平衡？而這也還包括戰勝自己消費的心魔。

第4件事》若反悔而想重返職場並不容易

剛退休的第 1 年，有幾位獵人頭公司的朋友來和我聯絡，因為剛從熟悉的職場模式脫離，就好像沒斷奶一樣，那時候還會想去談一談。況且前面提過，對我來說 55 歲退休感覺比較恰當，如果能夠再工作幾年，荷包會比較飽滿。

不過認真去談過的只有 1 次，然而，我表面上想把自己塞回去，但是其實內心並不真的渴望重回職場。當時，我已經開始閱讀以前上班沒有時間讀的一些美國經典理財書，並開始受到「指數化投資」的影響。而不管是轉為投資個股，或是指數化投資，我都不打算再投資基金或投資型保單。如果我不會「吃自己煮的菜」，那麼再回去金融業，就真的是因為薪水而把自己硬塞回去而已。因為這樣，我

想那唯一一次面試的時候，如果我在現場靈魂出竅，凝視正在試著推銷自己的我，應該也會看穿此人缺少熱情吧。

如果你離開一個行業是有充分的原因，那麼要再回去那個行業，也有可能只是故事重演一遍而已。

到了退休 3 年多的某一天，竟然還有一位獵人頭先生到古墓堆裡敲我，問我是否會想要復活重返職場？這次，我果斷地回覆，「除非被雷打到。」

雖然說職場對於中高齡比較不友善，是一般認為中高齡再就業困難的原因；不過另一項比較隱晦的原因，其實是退休之後，人會習慣自主，當擁有的自由再次被剝奪，要再重新適應，的確會有掙扎。

這幾年認識的網友中，當然也有人順利重回職場，但是也有人即便需要，也回不去了，或者是必須屈就於和前工作條件落差很大的工作，內心並無法調適得很理想。

一旦離開了，想再重回職場，並不總是可能的事。

⒈⁴ 錢是要能退休的基本盤 及早規畫才能享受老後人生

偶爾會在媒體文章上看到「錢不是退休最重要的事」，我想這類文章的用意大概是在強調「退休不是只要準備錢就好」，並不真的是說錢一點都不重要。就我觀察，會這麼說的大概有 5 種人：

1. **生活無虞的人**：因為感慨錢買不到健康，也換不到幸福的家庭，或是成材的子女，說這句話是對於人生的感嘆。這樣的人不一定是富人，不過，他們也肯定不是需要為錢操煩的窮人。我其實覺得說「錢不是退休最重要的事」，是對有錢人的勸世文，不要到了退休時空有錢，卻無聊沒事做。

2. **生性樂觀，天性佛系，走一步算一步的人**：不過這個就是看個性能不能真的做到不操煩。

3. **謹慎保守的人**：因為對於理財感覺陌生，甚至覺得追求金錢是罪惡的開端，我就有幾位朋友是這麼想。

4. **公保體系的朋友**：比起領勞保的朋友，更容易覺得不需為錢的事擔心，因普遍生活單純，存款可能較多，加上公保的給付，較不會想到該特別為退休做規畫。還有的家族企業，可讓你工作超過 65 歲都不會趕你退休。不過這些情況隨著年金改革和企業改革，也開始有隱憂；再說，現在公務員或老師也不好當，早退的情況並不少見。其實的確有一種看起來不需擔心退休金的職種，那就是職業軍人；有幾位軍職退休的朋友曾和我分享，當大家在談論退休金不足的問題時，他們很慶幸年輕時做了從軍的決定。

5. **有可觀遺產可繼承的人**：這裡我講的並不是郭台銘的兒子，而是那就坐在你隔壁，其貌不揚的同事，或是當年和你在宿舍吃泡麵的老同學；退休後，我才發現有遺產可繼承的朋友還不少見。老一輩省吃儉用，買地、買房累積相當資產的不在少數，而不婚、不生的情況也已盛行了好多年，若家族中有不婚、不生的長輩，那麼就有好幾份遺產可繼承。若有這些條件還出來工作，目的就是實現自我，當然不會覺得錢對於退休來說是很重要的事。

提高理財智商，用正面的角度看金錢

有些人的確不需特別擔心金錢，而已經衣食無虞的人不

要因為一味追逐金錢而犧牲與家人相處的寶貴時光，或是埋葬健康，這個完全正確；但是**如果你跟我一樣不屬於上面那幾種類型，那還是跟我一樣，認清情勢，不用怕別人笑為什麼需要對於理財的方法仔細推敲**，甚至像我退休後因為擔心，還從部落格寫到出版了一本書，因為我知道我能依靠的只有我自己，我必須為自己做最正確的理財決定。

要退休，錢是不是最重要？問問看那些為了生計必須重返職場的人就知道了。

計程車司機裡面也是臥虎藏龍。我遇過以前開建設公司的，當老後需要收入而回不去過去的戰場時，再怎麼風光的過去，為了家計，就算快 70 歲也得繼續開車，就是這麼簡單的事。

當然，只要是正當的職業，不分貴賤，而且活到老、工作到老也是樂活人生的一種方式；不過，如果你不想要有太大的人生起伏，那麼提高理財智商，用正面的角度看金錢，及早管理好財務，絕對是很重要的一件事。

再說，重視金錢和擁有健康與豐富的人生並不衝突。像是幾位投資大師都很長壽，巴菲特（Warren Buffett）和他

的合夥人查理・蒙格（Charlie Munger）都超過 90 歲。我不求像巴菲特一樣長壽，壽命除了自己的注意，還有一部分是看老天爺安排；我當然不可能有巴菲特的財富，不過我覺得談錢、談投資和追求興趣與擁有快樂的人生，一點也不衝突。

雖然我知道有時無法逆天，可是我也很難把命運完全交給上天，退休之後既然最擔心的就是錢，那就正面迎擊！**理財不是只有投資，還包括妥善地控制消費預算，讓退休財務健全地上軌道，也會帶來一種成就感。**

退休後只要不是再想投入高風險的工具來翻身致富，**我覺得談錢不俗氣，理財不會危害健康，也不會減少退休生活的樂趣，理性和感性並不衝突**；我仍然有相當的時間在爬山、看古蹟、到故宮欣賞文物，也持續不間斷學習日文。

金錢的準備，即便不是讓退休生活得到快樂最重要的事，它也是要安心退休的基本盤。

1-5 FIRE運動不是FIRE掉老闆 而是拿回人生選擇權

　　這幾年很流行「FIRE」（Financial Independence, Retire Early；財務獨立，提早退休）運動，前面提過，我並不是要用我的提早退休經驗來鼓吹提早退休的美妙；不過，FIRE 背後的精神，我覺得很適合給對於中年或是退休有危機感的朋友作為中年階段的人生指標。

　　我人生中第 1 本完整看完的日文書是《退休前不用做也沒關係的 5 件事　不要被「退休的常識」騙了（定年前、しなくていい 5 つのこと～「定年の常識」にダマされるな！）》。作者大江英樹先生，在本書第 2 章提到一個英國的研究，這份研究橫跨數十年追蹤超過 1 萬名 20 ～ 64 歲男性公務員的健康狀態，而這些公務員分屬不同的職等。

　　結果發現，職等較不高的公務員，因為心臟病死亡的機率是高級公務員的 3 倍。因為上有老闆的人總是得聽話、得向上管理，你會得道升天或是會被打入冷宮，有很多無法自己控制的因素；特別是到了中年之後，自我意識愈來

愈強烈,但是老闆要你往東,你怎能往西?對於這種職場的框架也會需要更多的自我壓抑和情緒的管理。因為這個研究結果,似乎說明了,**「選擇的自由」竟然默默在影響著人體的健康。**

靠節省+投資來達成財務自由境界

年輕的時候不得不在社會中競爭,不得不順從社會的規矩與妥協;但是當愈來愈接近 50 歲的時候,就是該認真想想人生下半場,要怎樣在財務面和心理面做好準備,讓自己在需要的時候可以享有最大的選擇的自由。

有些人不喜歡「財務自由(有人會用財富自由稱之)」這個詞,因為常被詐騙集團拿來當成吸引不當投資的誘餌,也有人會誤以為「財務自由」是指財富的厚度,像是 5,000 萬元還太少,1 億元才夠之類的主觀比較。但是,我喜歡維基百科上面看到的這句話,**「FIRE 是一種以經濟獨立(又叫財務自由)和提前退休為目標,以及重視幸福感多於對物質的滿足的一種生活方式。」**而這也是「財務自由」這個詞最早在美國被提出時的精神。

在發源地的美國,達成 FIRE 的方法主要是靠:

1.「**節省**」：從早期工作階段就盡可能提高儲蓄率，例如最高可能是把 70% 的薪水省下來。

2.「**投資**」：FIRE 族常見的投資方式，是指數化投資、房地產信託和房屋出租等被動收入的投資。也有人對於「被動收入」有負面觀感，如果覺得投資有風險、不是可靠的被動收入，那麼，若有一大筆錢都不投資也能生活，或靠像是經營部落格這種非傳統辦公室的工作來產出收入，也能是宣告 FIRE 的手段。

美國的 FIRE 族還常常應用本書 3-4 會探討的「4% 法則」，來控制退休後的生活費提領率和投資理財等收入間的關係。

當你在連年的職場歲月之後，不必再為五斗米折腰，感覺又重新掌握自己人生的方向盤，就有機會品嘗超脫物質之外的快樂與幸福的滋味。

選擇退休不是像跳火圈，而是人生的重生

我看過有句英文說「Retiring TO something, not FROM something」，意思是要退休來去做什麼事，是人生的重生，

而不是好像跳火圈一樣，只是倉促從職場跳離就達成任務。

很多美國的 FIRE 族在年紀輕輕退休之後，也**並不是真的什麼都不做了，而是去做真正喜歡的事。**不少人成為退休部落客與大家分享退休後的歷程，透過自由的工作模式，能有更多時間旅行，或與家人相處。

就算你沒有想到自己在人生的後半段能做什麼事，若能帶著財務自由的心情上班，那也是獲得了一種選擇的自由。

有些人達到財務自由，有選擇的自由之後，又開始出現選擇障礙——不知道有豐厚薪水但不夠開心的工作是要繼續？還是該瀟灑放棄，去過樂活人生？希望本書第 4 章和第 5 章能夠給你具體思考的方向，畢竟為退而退，事後懊惱的風險也是不能大意。也許我該感謝我的意外退休，讓我義無反顧，沒有後悔。

美國提早退休界祖師爺「錢鬍子」的故事

如果以真實的案例來說的話，不得不提美國 FIRE 族中最早大大出名的錢鬍子先生（Mr. Money Mustache）。錢鬍子先生可以說是 FIRE 族的祖師爺，而且他還被列入維基百

科。聽到祖師爺,可別以為他退休的時候是個什麼中年人,事實上他在 2005 年退休時才不過是個 30 歲的小伙子,退休前他和他當時的妻子都是從事軟體工程師的工作,因為這麼早的年紀就宣告退休,所以引起媒體的關注。

退休前他們兩夫妻的平均年薪是大約 6 萬 7,000 美元。在工作階段兩人奉行節約,把大部分的薪水都留下來投資。在 30 歲退休的那年,他們已經累積到價值 60 萬美元的投資,加上一間沒有貸款、價值 20 萬美元的房子。

前面說到成為 FIRE 族的條件之一是節省,那是怎麼樣的節省呢?

錢鬍子先生有一個特別的哲學,那就是他厭惡一般典型美國中產階級過度消費的生活方式,例如買新車等,他覺得這樣造成環境的問題,是一種浪費。他否認他們夫妻是過度簡約,因為他們只是剛好物欲很低,所以節儉對他們是很自然的事,一點都不曾因此需要刻意去節制自己。

錢鬍子先生相信 4% 法則,他們以 4% 作為退休後起步的提領率,開始的時候每年大約花 2 萬 5,000 美元的生活費,之後再依通貨膨脹率調整。

　　不過錢鬍子先生在他的部落格中有提到，因為他們的資產不是只剛好符合 4% 法則的最低門檻，也還有投資以外的其他資產項目做安全邊際，所以他覺得運用 4% 法則提早退休沒問題。這是一個很關鍵的訊息，**不明就裡地用 4%法則來提早退休還是危險的。**

　　而錢鬍子先生退休後是過著怎樣的日子呢？根據維基百科（要了解維基百科是眾人之手編製，就當鄉野傳奇參考看看吧），錢鬍子先生部落格網站的年收入在 2016 年已經來到 40 萬美元，這個數字遠超過他用 4% 法則計算出的平均 2 萬 5,000 美元年消費所需要的收入。而他成為了全球知名的部落客，就是他的重生。

　　如果說到退休後的風險，那麼錢鬍子先生遇上的應該是中年離婚。即便和他的太太有相同的金錢觀，也一起創造了 30 歲退休的神話，但兩人還是在 2018 年，44 歲的時候離婚了。退休之後相處時間變多，和配偶及家人之間的相處，的確是很大的考驗。

　　你喜歡這樣的人生嗎？

　　不是每個人都會喜歡這樣的「財務自由」的人生，不過，

對於中年人來說，怎樣讓人生下半場能有餘裕，不因為職場危機、個人健康、甚至長輩的照顧而為金錢所困，仍是一件必須要管理的課題。

從年輕時開始正確理財

在寫文章收集資料的時候，偶然看到澳洲的坎培拉大學網站上竟然也有一篇關於如何達到財務自由的文章「達成財務自由的 5 個步驟（5 Steps to Financial Freedom）」，包括：

步驟 1：目標設定、正面的心態、現金流、金錢的價值、如何樂在工作。
步驟 2：遺產規畫、保險、緊急應變基金。
步驟 3：償還無益的貸款。
步驟 4：投資以建立被動收入。
步驟 5：管理你的財富。

大學教育裡面如果能納入個人理財規畫的正確知識，讓學生可以用健康的心態了解金錢的價值，不因為害怕艱深，或者因為年輕不感覺需要，而錯失盡早開始架構更幸福未來的機會，那就太讚了。

　　如果政府希望人民退休不要只是仰賴政府的年金，那麼如何提高人民的理財智商，避免年輕人在年輕的歲月中進行有害的投資，的確是很重要該做的事。

　　偶爾有朋友留言在我的臉書專頁上說，看起來我好像過了一個有趣的退休人生。我是有驚無險，我得感謝 2017 年底退休後，把退休前的無效投資打掉重練，能夠開始架構一個希望一輩子都可以持續的穩健投資，因為財務面的安心，才能盡情去做其他想做的事。

　　接下來的第 2 章和第 3 章，我想要優先分享退休之後我廣泛閱讀，和自己親身體驗過，有關於退休和金錢相關的大小事。

2

基礎建立
中年人必懂理財知識

2-1 從我的投資進化史 一窺許多人也曾犯下的錯誤

很多人害怕投資,因為看到很多殺進殺出股市的方式,或曾有不愉快的投資經驗,因此對投資卻步,實在很可惜。

我自己雖然在 30 年的投資歲月中沒有發生過太重大的虧損,但是如果回想起我在退休以前的投資,恐怕很多的中年人會覺得似曾相識;原來我們都是這樣長大的,也錯過了在人生最黃金歲月中正確理財的時機。

階段1》把投資交給貪婪和恐懼

我的第 1 筆投資是歐洲小型企業基金,因為時間已經很久,只有留下片段的紀錄。

2022 年父親過世之後,也宣告是我從娘家撤出的日子到了。在娘家清空房間內物品的時候,除了和前男友的照片集和當年日本偶像的剪貼本,我翻到一盒顏色依然完好的粉彩紙,最上面一張是 1997 年 2 月 1 日我 29 歲時手

寫的個人資產負債表。說是資產負債表，其實那個年紀身家很簡單，短短幾行字就寫完了。

其中唯一一筆投資是 10 萬元的基金，名稱是富達歐洲小型企業基金，後來我定期定額投入增加到了 35 萬元。那個年代定期定額是有設定期限的，到期如果沒有重新約定就會停扣；那時候因為工作忙碌，過了幾年停扣了也不知道，等到有天收到對帳單，才發現已經漲到 100 多萬元。

那是 2007 年金融海嘯來之前，等於是距離那張小紙條上寫的日期又過了 10 年，我到銀行分行和理專討論我的投資，理專說再等一等，到了可以賣的時間點他會通知我。

沒想到後來發生金融海嘯，和理專聯絡時他已經離職，那年很多理專因為曾經推薦客戶購買的結構債商品鉅額虧損，都不敢見客戶，我不知道他是不是因為這樣才離開了。

那筆 100 多萬元的投資後來淨值急速下降，初期我想說再等等看，沒想到一下子下滑到了只剩 60 幾萬元，我終於覺得受不了而決定趕快賣掉。

這次投資經驗帶給我的教訓，可以簡單用兩句話描述：

• 漲到很高的時候認為還會再漲，覺得賣掉可惜，又相信理專比較專業，於是決定等他通知。結果市場下跌了。

• 掉到腰斬的時候覺得投資的末日來了，而終於忍不住脫手，結果恐慌的頂點正好是要反轉的時候，所以我賣在了最低點。

雖然那時候我賣掉那筆基金還是有 70% 的獲利，但還是暴露出人性的弱點：

• **貪婪**：報酬率已經很高了，我還想要再更多。

• **恐懼**：現在我覺得我已經做好資產配置，所以應該不會，但是當年市場腰斬時，我確實因為恐懼而將基金全數拋售。

階段2》我們一起停利和停損的年代

歷經這次的事件後，我決定不要再被恐懼和貪婪左右，我開始嚴格地執行大家都説「這樣才對」的停利和停損，來看看後來發生了什麼事？

• 漲 20% 到 30% 的時候我就嚴格停利 —— 結果我投資過的美國基金就這樣停利掉，即使再繼續定期定額扣款，

能夠參與市場上漲的本金就變小了，我錯過了美國市場的大多頭。

● 跌 10% ～ 15% 的時候我就停損，停損後再轉去別的基金──結果常常是轉過來轉過去並沒有超生。

事後回顧，以前的我根本不知道自己在做什麼，不管是放著它不管，然後用貪婪和恐懼來決定賣掉的時間點，或是後來採用了停利停損那一套，我還是不清楚自己為何那麼做。

階段3》走味的得獎基金

成立部落格以來，陸續有朋友會來跟我討論他們的投資，最常見的是自己嚴選的基金虧損了不少怎麼辦？我自己也有同樣的經驗，所以能感同身受。

在挑選基金之前，我們通常會用所謂的「4433 法則」，去精選某段期間報酬率排名前面的基金，或者去參考雜誌介紹的得獎基金。可是，我們真的知道這些基金到底怎樣被操作？賺錢的時候是為什麼？虧錢的時候又是為什麼？我們不知道，我們只是知道當大家都說這檔不錯的時候就買進，當跌到撐不住的時候就賣出。

　　為什麼我們會放心把下半輩子要用的錢交給我們不認識的專家，然後虧損的時候，仍然好心地繼續從淨值裡面包不小的紅包給他？

　　在寫本書的 2022 年，讓我最震撼的基金之一是摩根士丹利美國增長基金；我會關注它，是因為早幾年我差一點就心動選它，這本來是名列前茅的學霸，結果績效掉到全班倒數 1、2 名。2022 年 9 月 15 日更新的資料顯示，從這天回測 1 年，它的跌幅高達 53.02%，遠遠高於市場同期的跌幅，也把過去的好成績幾乎打消，而 10 年總報酬率 247.86%，不但沒有打敗它的基準指數 Russell 1000 Growth TR USD，還落後它 59.97 個百分點（詳見圖 1）。

　　當年我那檔看起來績效相當優異的富達歐洲小型企業基金（歐元），2022 年 9 月 15 日記錄到的 10 年總報酬率，也是落後它應該要打敗的基準指數 13.29 個百分點。

　　打敗基準指數應該是基金經理人的任務，這也是為什麼投資人要從基金淨值中撥付高額管理費給基金公司的原因；可是像摩根士丹利美國增長基金這樣績效嚴重落後的情況，投資人不但要承受資產大縮水，還要持續由淨值中撥付這一檔基金每年要收的表定的 1.4% 管理費。

圖1 摩根士丹利美國增長基金績效波動劇烈
——摩根士丹利美國增長基金績效表現

績效表現								更新日期：2022/09/15
	1月	3月	6月	今年以來	1年	3年	5年	10年
基金績效	-9.53%	24.99%	-11.59%	-48.08%	-53.02%	8.80%	50.43%	247.86%
基準指數	-10.89%	5.05%	-9.37%	-24.59%	-20.08%	50.16%	99.21%	307.83%
同組平均	-7.53%	6.46%	-1.91%	-12.71%	-8.67%	22.76%	53.22%	182.50%
同組排名	166/208	2/208	201/208	206/206	205/205	186/192	121/188	25/151
贏過N%基金	20%	99%	3%	0%	0%	3%	36%	83%

註：資料日期為 2022.09.15　　資料來源：鉅亨網

　　事實上，根據 2022 年 7 月 31 日這檔基金的月報顯示，持續性收費其實是高達 1.64%，而根據月報說明，持續性收費是反映在基金營運期間發生的費用與支出，並會在期間內從基金資產內扣除；這費用包括投資管理（管理費）、被信託人／保管人的費用，以及行政費用。

**　　要知道，每一塊被收走的錢都是你未來的退休金。**

　　2020 年 8 月，曾經有周刊介紹摩根士丹利美國增長基

金，説它是「精挑贏家、在疫情中脱穎而出」；過了1年多的2022年1月再度被報導時，標題已經變成「曾被捧為『完美』的投資組合如今淪為海嘯第一排明星操盤手」。

大家真的知道怎樣挑基金？而且精挑細選中意的基金之後，錢交給基金經理人，讓專業的來，也支付高額經理費，之後績效不好卻説是投資人自己要時時關注基金的表現，應該要適時停損或轉換。彷彿只要有獲利，那就是基金經理人的功勞，而虧損就是投資人沒有對自己負責任。

當然也有能夠長期打敗大盤的基金，但是機率很低，而且就算有，也像是大海撈針一樣，很難預卜抽哪一支才會中獎；如果你精挑細選之後的基金績效大幅落後，請別責怪你自己，這是非常高機率會發生的結果。

基金績效短期間要超越基準指標容易，但是長期要保持就很困難。如果你多讀幾本美國的指數化投資的經典書籍，就會發現幾乎每一本都會提到「基金高費用但長期績效卻跟不上大盤」的情形。

而這也是為什麼我在退休後2年多的2020年1月初，終於把手中持有的基金全數出脱的原因。

階段4》最終選擇相信市場，而非相信專家

從以上的例子可以歸納出幾個重點：

1.長期投資看起來很好，但誰知道會不會所託非人

像是我當年投資歐洲小型企業基金的那筆 35 萬元，一忙碌幾年過後竟然漲到超過 100 萬元，即便後來跌到剩 60 幾萬元，但金融海嘯過後也又起漲；後來改為 20% ～ 30% 停利之後，我當然沒有機會再見過這樣的獲利。

這樣看來，買進後長期持有是個好方法；但問題是，我們並不清楚自己是不是選對了值得長期持有的標的。如果你選的，正好是本來績效很優異的摩根士丹利美國增長基金並長期持有，2022 年就會看到慘不忍睹的績效，然而未來會怎麼發展？該相信基金經理人能夠力挽狂瀾？還是該當機立斷停損？實在令人無所適從。

2.靠運氣得到的報酬最終留不住

當年我那筆基金投資一度從 35 萬多元滾成 100 多萬元，帳上報酬率少說有 185%，但其實也純粹是運氣。你問我當年為何選擇歐洲基金？我也忘記了，後來朋友提醒我說，應該是那個時期歐元區的話題正夯。那後來我又為什麼會

落荒而逃？那就是因為我一開始是趕當下時髦的話題。

當你想從一檔基金撤離的時候，得想想是否你一開始投資時，也跟我當年一樣是出自盲目的信心？遇到基金狂跌的時候要逢低加碼嗎？可是加碼這種已經變成排名倒數的基金，不就是違反了當初用來選擇基金的 4433 法則？要做基金轉換或是停損嗎？要認賠 50% 真的是會很掙扎。

為什麼我們這麼容易把關係到退休金的錢，交給我們真的不知道是怎麼回事的專家？我們得承認，我們真的不認識那些專家。

當年我如果把那 35 萬元整筆一次投入先鋒全世界股票ETF（Vanguard Total World Stock ETF，VT）這檔全球股票型 ETF（在 2-2 後面會説明），即便經過 2022 年前幾個月的跌幅，從 2022 年 9 月 15 日往回推算 10 年，每年把配息再投入之後，年複利報酬率約 8.17%，總報酬率則達 119.3%。

只想投資美國市場的投資人，若不選擇摩根士丹利美國增長基金，就不需要付出每年 1.4% 的高額管理費，因為選擇先鋒美國整體市場 ETF（Vanguard Total Stock Market

ETF，VTI）這檔投資美國全市場的股票型 ETF（在 2-2 後面會說明），2022 年費用率才只有 0.03%。

VTI 經歷 2022 年熊市的跌幅後，於 2022 年 9 月 15 日往回推算 1 年，報酬率是 -13.82%，不是驚人的 -53.02%。若回推 10 年，每年把配息再投入之後可以得到 212.67% 的總報酬率。

我有許多部落格讀者理性又眼睛雪亮，如果你也一樣眼尖，你會注意到 VTI 這 212.67% 的 10 年總報酬不是低於摩根士丹利美國增長基金的 247.86% 嗎？問題這就是選擇明星經理人的考驗。

2017 年我剛退休的時候也曾經心儀這檔當年的明星基金，如果我在那時候上車，那我看到的是不一樣的風景，我會經歷這檔基金落後市場的時期，然後到了 2022 年，我的退休資產會被腰斬。比起相信不認識的專家，一般投資人最好的選擇就是相信市場，因為它會忠實把沒有誤差的市場報酬交給你。而當市場下跌的時候，它不會從你的淨值中收走高額管理費。一般公司不會發績效獎金給當年度表現未達標的員工吧？那為什麼我們會願意埋這個單，付錢給讓人資產腰斬的基金公司？

　　經過了將近 30 年的投資歲月，我終於才了解了，要相信市場，不要相信專家。

　　若你沒有投資基金，而是投資個股，那麼上面的故事對你應也有所啟示——那就是，如果專家也不能打敗他們應該要打敗的基準指數，**如果專家也會嚴重落後市場，使得投資人的資產腰斬，那麼你又怎能相信憑一己之力操作個股，一定不會發生像擁有強大研究團隊的專家發生的慘事？**

　　這麼説其實是在打臉我自己，因為我也有投資相當的個股以領取股利。退休後我是以追蹤大盤的「指數化投資法」和「股息投資法」雙軌並行，其實這兩個退休理財方式在美國討論退休的書籍中也常同時被提到。在下面的章節我就來説明為什麼我這麼做，還有這兩個方式要注意的關鍵。

　　在此也要特別先説明，以上和本書中接下來會引用的回推歷史報酬都是某一個時間點的狀態，僅作為説明的用途；而過去不代表未來，如果要用歷史資料作為預估未來報酬率的依據，請記得必須保守一點。

指數化投資法①
美國FIRE族的提早退休法

雖然我在退休後因為擔心現金流而先做了股息投資，但其實指數化投資法才是美國眾多提早退休族採用的方法。

投資股票的報酬有 2 個來源，一是大家很看重的股利，一是價格是否能增值，也就是價差，合起來才是總報酬。

所謂「總報酬投資」，就是不偏重股利收益，而是追求股利和價差總和的最大化，常用的方式就是指數化投資法。

這是一種不主動選股的被動投資方式，目的是要取得和廣泛市場指數近似的報酬。實務上的做法是買進並長期持有（buy-and-hold）「全市場指數型基金」或是「全市場指數型 ETF」，以便複製特定股票指數或固定收益指數相同的績效。

指數化投資法在台灣已經不是什麼新的觀念，這個理財方式在美國和日本也都有相當的擁護者。

指數化投資法經過美國許多經典的理財書籍，針對**市場長時間上上下下的循環回測證明，是一個可以令人最安心採用的方式**；市面上的投資工具琳瑯滿目，但是到目前為止就只有這個方式經過扎實的驗證。更好的是，它幾乎是一個傻瓜投資法。

一般人可以用的指數化投資工具，以台灣市場來說，最著名的就是具有台灣整體股市代表性的 ETF——元大台灣 50（0050）或富邦台 50（006208），以追求和市場大盤近似的報酬率。

近幾年美國的退休規畫書籍，都一致推崇這是唯一值得散戶高度信賴的長期投資方式，而這些書籍的作者包括大學教授、知名財經專家和有親身經驗的 FIRE 退休族。

約翰‧柏格創設第 1 檔指數型基金，造福散戶

說到指數化投資法，就不能不提到「指數基金之父」（the Father of Index Funds）約翰‧柏格（John Bogle，已於 2019 年以 90 歲高齡辭世）。約翰‧柏格是先鋒集團（The Vanguard Group）的創辦人，1975 年創造出世上第 1 檔可供一般散戶投資的指數型基金，該基金追蹤「標準普爾

500 指數」（S&P 500 指數，以下簡稱標普 500 指數）。

約翰‧柏格在 2004 年被《時代》（TIME）雜誌選為「世界百大最有影響力的人」之一，就是因為他這項造福廣大散戶的貢獻。

約翰‧柏格提出，大部分的投資人，包括所謂專家的基金經理人，其實績效都是落後市場的；許多人付出高昂的經理費用給基金業者，卻仍然得到比較差的績效。他的貢獻在於他身為基金業者，卻突破這個基金業的營運型態，推出了低成本的指數型基金，讓一般普羅大眾都可以不用再付出不必要的成本，就可以得到貼近市場大盤的報酬率。

一般認為，只要透過持有低成本的指數化投資，不需要花心力研究艱深的投資知識，不僅可以得到市場平均的報酬率，還能打敗市場上絕大多數的投資人。而因為美國和全球股票市場具有長期向上的趨勢（詳見圖 1），跟著市場的報酬走，長期而言就能帶來不錯的報酬。

約翰‧柏格把先鋒集團推到業界的頂峰。他證明了，不必透過向客戶收取高額管理費，而是透過成本優勢將規模做大，金融業一樣能夠運作。

　　而對無數的美國家庭來説，指數型基金讓他們不必被説著艱澀難懂語言的投資專家綁架，但多年後卻換來績效不彰；它讓投資變得簡單，也為這些家庭創造了可觀的財富。

　　1999 年美國《財星》雜誌（Fortune）將約翰‧柏格列為 20 世紀 4 大投資巨擘之一。在這 4 位投資巨人當中，只有約翰‧柏格的指數化投資法是一般人就能夠輕易學習與複製；其他 3 位像是巴菲特（Warren Buffett）、索羅斯（George Soros）和彼得‧林區（Peter Lynch），對一般人來説，都只能仰望而遙不可及，即便努力複製也不保證人人可以成功。

　　當中值得一提的是，在台灣也有不少人研究的彼得‧林區，要知道他傳奇的「富達麥哲倫基金」盛世只有在 1977 年到 1990 年之間，績效從耀眼到沒落，如今已算是退出江湖，沒有持久的影響力。

　　而股神巴菲特自己雖然是採取主動選股投資，卻同時也是指數化投資法的支持者。他認為，對一般投資人來説，投資於標普 500 指數的美國優異企業，是最好的選擇。他曾在 2008 年初與一家避險基金公司做了一個有趣的賭注 —— 他打賭低成本的標普 500 指數基金將在那之後的

圖1　美國標普500指數呈長期向上趨勢
──美國標普500指數走勢圖

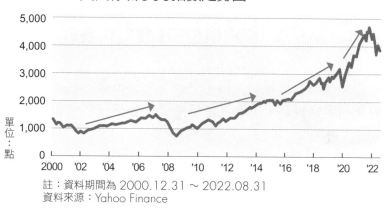

註：資料期間為 2000.12.31 ～ 2022.08.31
資料來源：Yahoo Finance

10 年勝出。

結果到了 2017 年 12 月 31 日，巴菲特支持的低成本指數投資績效，果然勝過了策略複雜的避險基金，而賭金最後依照雙方同意，捐給了一家位於巴菲特的家鄉奧馬哈市的少女發展機構。

2019 年約翰・柏格去世的時候，巴菲特曾經說：「如果要為一位對美國投資人貢獻最大的人立雕像，那不用說，那個人一定是約翰・柏格。」

巴菲特和約翰‧柏格雖然領導著不同的投資哲學，但是兩位大師是就事論事，互相尊敬與推崇。

投資台灣》以2檔市值型ETF最具代表性

説到指數化投資法，雖然應該要從它的發源地——美國的產品開始説起，不過我還是先從很多人已經聽過的台灣的產品開始。

台灣並沒有和美國一樣能有包含市場上所有股票的ETF，如果要單純追蹤台股大盤，最具代表性的是追蹤台灣市值前 50 大公司的 0050 或 006208 了。

此外，台股的 ETF 市場裡也有追蹤 MSCI 台灣指數的元大 MSCI 台灣（006203）、永豐臺灣加權（006204）和富邦摩台（0057）。MSCI 台灣指數涵蓋了大型股和中型股，截至 2022 年 9 月為止，共包含 87 檔成分股，涵蓋大約 85% 台股市值，比 0050 和 006208 的涵蓋範圍更廣。

只不過，追蹤 MSCI 指數的這 3 檔 ETF 規模都只有幾億元，受青睞的程度仍比不上 0050（截至 2022 年 9 月 6

日，基金規模為 2,449 億元）及 006208（截至 2022
年 9 月 6 日，基金規模為 283 億元）。

台灣近年有各式各樣的 ETF 推出，要特別提醒，並不是
ETF 就是指數化投資，只有追蹤大盤的 ETF 才是。

台灣和美國一樣都有很多主題式的 ETF，像是元大高股
息（0056）或國泰永續高股息（00878），這些都不在
總報酬投資法的範圍；因為這些 ETF 是用特殊的指標去挑
出來特殊的股票，會配出高股息的公司通常成長性比較差，
像是台積電（2330）就不會配出高股息。因此從過去長期
資料來看，高股息產品的總報酬率表現並不如大盤。

例如以寫這本書的 2022 年 9 月 15 日，在晨星網站
上回測過去的 10 年間，元大台灣 50 含息總報酬率是
181.91%，而元大高股息的總報酬率則只有 87.37%。
為了得到較高的配息，是會像這樣 10 年間以犧牲掉將近
100 個百分點總報酬作為代價的。

這邊要特別提醒，要長期穩健投資的話，應避免去追那
些樣式新穎、話題性十足的 ETF，像是半導體 ETF 或電動
車 ETF 等等的，這些都有集中投資某種產業的風險，其實

也變成是另一種賭注。

因為 0050 和 006208 都是追蹤「台灣 50 指數」，因此基本上是一樣的東西，不過仍有細微的差異：

① **費用率**：以 2021 年來說，0050 的費用率是 0.46%，而 006208 則是 0.35%。如果以投入 100 萬元為例，1 年 0050 扣 4,600 元，而 006208 則是扣 3,500 元。以費用率來說是 006208 取勝，不過，相對於接下來要提到的美國的指數型 ETF，兩者的費用率都偏高。

② **總報酬率**：根據 2022 年 9 月 15 日晨星（Morningstar）網站，0050 回推過去 10 年總報酬為 181.91%，而 006208 則為 187.15%。明明追蹤相同的台灣 50 指數，但是報酬率卻稍有差異，反映了上述費用率差異造成的影響。另外，兩檔 ETF 相對指數的追蹤誤差雖然也有差異，但不至於太大。

③ **折溢價**：前面的總報酬率是價格變化加上配息計算得來，但是我們實際買賣的價格可能會偏離淨值。我已經把證交所每 15 秒更新一次的 ETF 折溢價頁面，新增到我的手機主畫面，交易前會看一下買的時候有沒有比較大幅度

的溢價。

折溢價問題在投資後面介紹的幾檔美股 ETF 時幾乎不需要擔心，因為誤差非常小，但是台股的部分則需要看一下。圖 2 是證交所的「基本市況報導網站」上「ETF 發行單位變動及淨值揭露專區」於 2022 年 9 月 6 日的資料，例如當天 006208 買價是高於淨值 0.2% 的溢價，有時候還會比這個比率高，但在 0050 較少出現這樣的狀況。

④ **價位**：以 2022 年 9 月 6 日的收盤價來看，0050 每股是 114.9 元，等於買 1 張要超過 10 萬元，而 006208 每股是 66.1 元，差不多只要 0050 的 6 成價格，想一次購買 1 張會比較容易入手。不過，現在也都能盤中或盤後零股交易，或是透過定期定額買入。儘管零股成交價有時會略高於整股成交價，略微有些差異，但既然是長期投資，影響其實不會太大。

⑤ **殖利率**：0050 和 006208 近年殖利率皆在 3% 上下，2021 年當分母的股價高漲的時候，殖利率甚至低到接近 2.5%。不過，採取指數化投資法的目的主要是要追求價格的成長，而不是配息，我自己是把這配息當成是股市低迷時的安慰劑。

投資美國與全世界》5檔ETF受台灣投資人青睞

身為台灣人,只想投資台灣股市很合理,我過去的投資也是集中在台股。而且講到美股的 ETF,就不得不提一下以台灣人去投資美股,領股息要被課 30% 股息稅的這件事(截至本書寫成的 2022 年 9 月,台美間尚無租稅協定),我自己也難免拿這個缺點跟台股比較,或是想到匯率的風險等等,心裡多少有點過不去。

在指數化投資之父約翰・柏格的《約翰柏格投資常識》書中就提到美國人投資海外市場要注意匯差的風險,沒有道理台灣人就應該忽視這件事。

然而,為了避免股息課稅和匯率風險,而把投資全部集中在台股,難道就沒有風險?誰能夠保證像日本長期失落 30 年的事不會發生在台灣?如果長期只投資日本股市,以 iShares MSCI 日本 ETF(iShares MSCI Japan ETF,EWJ)這檔投資日本市場的 ETF 為例,2022 年 9 月 15 日回測過去 10 年的年複利報酬率只有 4.81%,而過去 5 年更是只有 0.37%。

這也是為什麼這幾年,已經有不少台灣投資人開始投資

圖2 若ETF成交價高於淨值，即為溢價
——「ETF發行單位變動及淨值揭露專區」資訊

註：資料日期為 2022.09.06
資料來源：台灣證券交易所

全球最強盛的美國市場，或甚至知道該更加分散，投資全球的股市。

也因此我才開始了全球股市的投資。

因為本書是講退休規畫的書，而不是專門講指數化投資的書，所以這裡僅介紹一般最常使用的投資工具；除非你想要更細緻地切割全球投資市場，否則對於大部分的投資人來說，本書中所介紹的投資工具應該足夠應付退休理財所需。

畢竟指數化投資法是一種最適合大眾的懶人投資法，而如果投資人需要了解的商品又有很多樣，那不也就失去意義？畢竟它還被喻為小學二年級學生都可以懂的投資法呢。

美國是指數化投資的發源地，所以有最完整的產品項目，而在指數追蹤的技術上也是最成熟，應該是投資美國和全球市場的首選。本書中介紹的都是追蹤市場指數的商品，並且已經有眾多的台灣人投資：

追蹤美國標普500指數ETF》SPY或VOO

「只投資標普 500 指數就很夠了」，這是主動投資的股

神巴菲特對一般散戶的建議,他深深相信美國頂尖的企業,未來還是會引領世界的進步。

最有名的標的應該是歷史最悠久的 SPDR 標普 500 指數 ETF(SPDR S&P 500 ETF,SPY);另一檔則是由收費最低的領導者先鋒公司推出的先鋒標普 500 指數 ETF(Vanguard 500 Index Fund,VOO)。

這兩檔由美國基金公司發行的 ETF 都是追蹤標普 500 指數,這個指數包含約 500 檔美國頂尖的大型普通股,占美國股市總市值約 80%,產業具多樣性,風險相當分散,能夠很大程度反映美國股票市場。

台灣也有幾檔投資美股的 ETF 商品,歷史最久的是元大 S&P500(00646),不過就追蹤績效上和費用率上,還是和美國上市的商品比起來有落差,並且要注意常常有較大的折溢價,在下單前最好注意一下。

投資美國整體市場ETF》VTI

先鋒美國整體市場 ETF(Vanguard Total Stock Market ETF,VTI)這一檔 ETF 包含了幾乎 100% 的美國股票市值,包含了大、中、小型股票,並涵蓋成長型及價值型個股;

比起集中追蹤 500 家大企業的 SPY 和 VOO，更具有風險的分散性，像是 2000 年代的美國大型股報酬就落後小型股。因此，如果目的是為了歷經數個經濟循環考驗的長期投資，那麼代表美國整體市場的 VTI 才是比較好的選擇。

　　雖然說，大型股在有些景氣的區間表現會落後於小型股，所以也包含中小型股的 VTI 是更完整的選擇，不過畢竟 SPY、VOO 已經代表了 80% 的美國股市市值，大部分時間 SPY、VOO 和 VTI 的績效其實是十分接近的。

　　VTI 排名前面的成分股其實就是 SPY 和 VOO 的成分股，以 2022 年 8 月 31 日的時點來說，VOO 的前兩大成分股是蘋果和微軟，分別占 7.16% 和 5.79%。而在 VTI 當中，因為包含美國超過 4,000 檔股票，所以每檔成分股的占比就會降低，不過蘋果和微軟在 VTI 的比重分別是 6.07% 和 4.91%，其實差異並不很大。

投資美國除外的國際股市ETF》VXUS

　　人習慣於近期的記憶，因為美國股市過去 20 年來很強勁，於是傾向認為美國市場會是最好的選擇。但畢竟美國還是單一國家，且全球股市其實是風水輪流轉，例如在 1980 年代和 2000 年代大部分的時間，美國市場是落後

於美國之外的國際市場的。

如果說要預估未來每個市場報酬率會有多少，那是很困難的事；但是，就像在公司押未來幾年的業績目標，即便知道很難估，總還是要有一個數字。

在經過 10 多年的強勢美股之後，美國多家投資機構評估美股估值已高，對於未來 10 年給予保守的報酬率預估；例如 2021 年底當股市位於高點時，晨星預估未來 10 年美股的年報酬率是 1.6%，已開發國家市場為 2.6%，而新興市場則為較高的 6.4%。

而就算 2022 年進入熊市，在市場已經大跌一段之後的 2022 年 7 月，晨星因此調高未來 10 年美股的年報酬率預估為 5.8%，已開發國家市場為 8.8%，而新興市場則為 10.1%，還是對於美股未來 10 年預估相對較保守。這就是一種風水輪流轉的概念。

可以看到，這樣的預估是會隨市場情況而改變的，而每一家投資機構預估也不相同，僅供大家規畫時可以參考。如 2-1 結尾時所提出，在預估退休金的報酬率上，保守預估還是比較穩健的。

表1 4檔先鋒發行之ETF費用率低廉

ETF中文名稱	先鋒標普500 ETF	先鋒整體股市ETF	
英文名稱	Vanguard S&P 500 ETF	Vanguard Total Stock Market ETF	
證券代號	VOO	VTI	
成立年度（年）	2010	2001	
追蹤指數	S&P 500 Index	CRSP U.S. Total Market Index	
投資範圍	美國標普500指數成分股	美國整體股市	
持股數量（檔）	503	4,056	
總淨資產（美元）	7,541億	1兆2,000億	
12個月配息率（%）	1.55	1.53	
費用率（%）	0.03	0.03	
本益比（倍）	19.8	18.8	

註：1. 持股數量、總淨資產、本益比資料日期為 2022.08.31；2. 費用率、12
個月配息率資料日期為 2022.09.15；3. 配息率的部分，因台灣與美國並
無租稅協定，投資人實際領取股息金額會再被扣除 30% 的股息稅；4. 追蹤

　　先鋒總體國際股票 ETF（Vanguard Total International
Stock ETF，VXUS）這檔 ETF，就是投資於除美國之外的國
際股票市場，包括成熟市場和新興市場。根據 2022 年 8
月 31 日的資料顯示，持股前 3 名的國家為日本、英國和
中國，台灣則居第 9 位，而台積電很光榮地是第 1 大持股，
占比是 1.48%。

——美股4檔上市ETF比較

先鋒總體國際股票ETF	先鋒全世界股票ETF
Vanguard Total International Stock ETF	Vanguard Total World Stock Index Fund
VXUS	VT
2011	2008
FTSE Global All Cap ex US Index	FTSE Global All Cap Index
非美國之全球股市	全球股市
7,837	9,461
3,408億	314億
3.89	2.34
0.07	0.07
11.3	14.9

標普 500 指數的 SPY 因為費用率較高於 VOO，就不在這裡比較
資料來源：1. 追蹤指數、持股數量、投資股票數、總淨資產、本益比費用率來自
先鋒官網；2. 12 個月配息率來自美國晨星網站

投資全球ETF》VT

先鋒全世界股票 ETF（Vanguard Total World Stock ETF，VT）等於是 VTI 和 VXUS 兩檔 ETF 的總和，截至 2022 年 8 月，追蹤全球股票超過 9,000 檔。對於一般資產不是太龐大複雜的投資人來說，用 VT 一檔 ETF 就可以囊括全世界，是風險分散的極致。我自己就是以 VT 來分散集

中於台股投資的風險。很多人沒有選擇這一檔，是因為看到過去 10 年績效不如只投資美國的 VTI，不過我傾向分散投資全球的原因已於前段說明，因為風水可能輪轉。

在 2022 年 8 月 31 日的時間點，VT 的美股占比高達 60.50%，而其餘 4 成的投資就和 VXUS 大致相同。

我把上面幾檔先鋒集團的 ETF 整理在表 1。從表 1 中本益比的欄位可以看到，美股的價格相對於盈餘即便經過熊市震盪之後還是很接近 20 倍，表示股價還是相對偏高，而美股之外的國際市場則為 11.3 倍，難怪如前面所說，投資機構傾向更看好未來美國以外股市的反彈。

從表 1 當中還可以清楚看到，為什麼指數化投資是比基金投資更安全的選擇：

① **充分分散風險**：指數化投資包含了盡可能多的公司數，比起基金由基金經理人挑選少數股票的基金更能夠分散風險，例如 2-1 提到的摩根士丹利美國增長基金，於 2022 年 7 月 31 日月報中呈現持股僅為 43 檔；因為持股集中，所以易於大好大壞，一般人容易看到過去的績效而忽略了像這樣的選股風險。

圖3 **VT的績效緊貼其追蹤的指數，誤差很小**
　　——VT績效及所追蹤指數績效

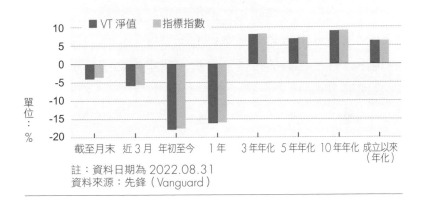

註：資料日期為 2022.08.31
資料來源：先鋒（Vanguard）

② **緊貼著指數的績效**：VT 和它追蹤的指數誤差相當小
（詳見圖3）。而主動式基金的表現有可能優於也可能劣
於追蹤的指數。如果有投資基金，可以去基金公司官網或
鉅亨網等網站，查詢你投資的基金表現，大多數都是上上
下下，甚至長期落後指數，無法像指數化投資法穩定帶給
你貼近市場的報酬。

③ **低費用率的優勢**：先鋒集團旗下的 ETF 具有低費用率
的優勢，並且帶動了美國市場上的同業一起降價。假如用
100 萬元投資 VT，費用率是 0.07%，也就是 1 年你被先

鋒從基金淨值中扣走 700 元；而通常股票型基金會有 1.5%
上下的年管理費率，那麼這 100 萬元每年是要被基金公司
扣走 1 萬 5,000 元。支付這個高額管理費的目的，應該是
希望基金經理人會有超越它們所追蹤指數的績效，否則投
資人就用低成本去購買指數型 ETF 就好了；可是萬一基金
表現不好落後指數的時候，投資人照樣得為這個高額的管
理費埋單。

至於前面提到投資美股，股息要課 30% 股息稅的問題，
從表 1 可以看到，這些美股一般配息率偏低，是以追求總
報酬為目標，以 VT 2022 年的股息率約接近 2.5% 而言，
股息稅相當於 0.75%（＝ 2.5%×30%），相較一般基金
仍有優勢，並且風險大為分散。

另外，與稅負相關的提醒是，美股獲利屬於海外所得，
高所得者以及投資金額較大的人較需要注意，但是稅負成
本就和一般海外基金相同。

指數化投資法②
別因熊市恐慌中斷長期投資

2-3

指數化投資根基於股市長期向上的特性，要長期持有，才能夠享有複利的成長果實。可是，在長期向上的趨勢中，仍會遇到中短期的小窟窿，例如 2022 年的熊市中（所謂的熊市，是指股價從最近的高點下跌 20% 的狀況），你會看到：

• 投資台灣股市很恐怖，從 2022 年初到 9 月 15 日，元大台灣 50（0050）含息虧損了 19.84%。

• 即便分散投資到全球股市也一樣。從 2022 年初到 9 月 15 日，全球股票型的先鋒全世界股票 ETF（Vanguard Total World Stock ETF，VT）含息也虧損了 18.77%。

• 說什麼股六債四（2-9 討論到資產配置時會再說明），2022 年初到 9 月 15 日，iShares 核心成長配置 ETF（iShares Core Growth Allocation ETF，AOR）這檔股六債四的資產配置型 ETF 還不是虧損了 15.85%。

問題其實出在有多少人能夠做到長期投資？即便經過這樣慘的 2022 年熊市，如果從 2022 年 9 月 15 日這天倒推回去 10 年：

- 台灣的 0050 年複利是 10.9%，總報酬約為 182%。10 年前的 100 萬元含配息再投入，會有大約 282 萬元。

- 全球股市的 VT 年複利是 8.17%，總報酬約 119%。10 年前的 100 萬含配息再投入，會有大約 219 萬元。

- 全球股債平衡股六債四的 AOR 年複利是 5.8%，總報酬則是大約 76%。10 年前的 100 萬元含配息再投入，會累積出 176 萬元。

以 2022 年 9 月 15 日這個時間點而言，我退休後重新開始的新投資將近 5 年，指數化投資將近占 10%，其他則是自己選股的個股股息投資。

像我這樣退休後才開始長期投資不到 5 年的咖，經 2022 年前幾個月猛烈的跌勢後，5 年來還是正報酬，若退休當時用指數化投資效果會更好，這說明了長期投資的重要。因此，對於指數化投資法 10 年累積報酬只能仰望。

　　表 1 中，除了投資美國除外全球股市的先鋒總體國際股票 ETF（Vanguard Total International Stock ETF，VXUS）這一檔在 2022 年 9 月中回推過去 10 年的表現比較平庸之外，其他的指數化 ETF 即便在經歷 2022 年熊市的跌幅之後，都還有相當的成長。

　　當然，還是要記得，過去歷史未必重演，未來股市表現未必如此亮麗；同時如 2-2 所說，以 2022 年的時間點而言，投資機構普遍更看好相對低迷的非美國之全球股市，認為未來它將更優於過去 10 年表現優異的美國市場。至於這樣的預估是否成真，就有待時間來證明了。

短中期而言，市場難以避免大幅震盪

　　的確必須要注意的是，**股市長期向上，但也並不是說每個時間點都能看到股市一直往上漲。**

　　請看看圖 1 的 1992 年 9 月至 2022 年 9 月間美國標準普爾 500（S&P 500，以下簡稱標普 500）指數走勢圖，股市雖然長期走勢向上，但是過程中一定會有高低起伏，這是非常正常的狀況。投資人最害怕的，想必是像在 2000 年、2007 年，還有 2022 年這樣，在股市高點上

表1 台股、美股ETF過去10年年化報酬率皆逾10%

類別	ETF名稱	證券代號	
全球市場	Vanguard Total World Stock ETF	VT	
美國全市場	Vanguard Total Stock Market ETF	VTI	
美國S&P 500	Vanguard S&P 500 ETF	VOO	
美國除外之全球股市	Vanguard Total International Stock ETF	VXUS	
台灣前50大權值股	元大台灣50	0050	
	富邦台50	006208	

註：為 2022 年 9 月 15 日回推過去歷史年化報酬率；表中為原幣別報酬率，不同幣別的產品報酬率建議不直接互相比較

投資，結果股市馬上暴跌吧！

假如你在 2000 年 8 月 1,517 點的時候投入標普 500 指數，那要到 2007 年 5 月才有機會回到 1,500 點以上；但是到了 2008 年又來了金融海嘯，一直要到 2013 年上半年才又再回復 1,500 點的市況。

長期而言，股票仍是個人資產成長的動力來源

然而，只要你能夠熬過投資過程中的起伏，長期而言，

——6檔ETF歷史年化報酬率

發行國家	原幣別年化報酬率（%）		
	過去3年	過去5年	過去10年
美國	6.47	6.40	8.17
	10.30	10.70	12.10
	10.80	11.20	12.40
	1.20	1.00	3.90
台灣	14.00	10.20	10.90
	14.90	10.50	11.10

資料來源：晨星（Morningstar）

股市仍能帶給你豐盛的回報。即便是在 2000 年 8 月，標普 500 指數 1,517 點時投入美國股市，度過了不走運的 13 年，但是股市隨後一路向上。雖然到了 2020 年 3 月，又遇上了新冠肺炎（COVID-19）疫情股災，那時候標普 500 指數最低點是 2,191.86 點，指數仍舊已成長了 44%。

更何況，對於還有 10 年以上才會退休的人來說，股市震盪期間反而可以利用定期定額低價買入股票，並不需要擔心，反而應該樂於搭上股市上上下下的雲霄飛車。

當然,比較需要擔心的,是像我這樣已經進入退休期的人士;即便是市場長期有向上的趨勢,也不能忽略當熊市發生時,中短期內對心理面的壓力與影響。

所謂的長期,是指長達 20 年或 30 年的區間,股市有長期成長的趨勢,但如果是任一個 10 年的區間,並不是每段區間都是正報酬。這也是為什麼資產配置對於中年人來說十分重要的原因,再好的標的也不要 all in。

再看台股的情況也是類似,如果你在 2000 年 6 月 7 日股市高點那天 9,115.47 點時投資市場指數,之後暴跌也沒賣出,一直長期持有 10 年,到了 2010 年 6 月 7 日那天是 7,157.83 點,帳面價格虧損是 21.5%。由於加權股價指數是沒有包含已發放給大眾的股息,這裡是假設投資人把這 10 年間領到的股息都拿去用掉了沒有再投入。

若你在 2000 年 6 月 7 日股市高點 9,115.47 點時投資市場指數,之後暴跌也沒賣出,長期持有 20 年,到了 2020 年 6 日 8 日那天是 1 萬 1,610.32 點;同樣也是假設 20 年間領到的股息都用掉了沒有再投入,這樣的獲利為 27.4%,算入股利再投入之後報酬率會更高。如果投資更長的時間,你還會遇上 2021 年終股市上漲超過 1 萬

圖1 美國標普500指數短期仍有起伏
──美國標普500指數走勢圖

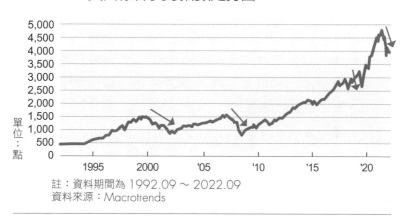

註：資料期間為 1992.09 ～ 2022.09
資料來源：Macrotrends

8,000 點，即便到了 2022 年經過大幅跌價，寫這本書的 9 月 15 日那天也還有 1 萬 4,670 點，不算入股利，仍比 2000 年 6 月的高點成長了 60%（詳見圖 2）。因此結論是：

• 年輕人應該盡早指數化投資，只要放長，股市必將給你可觀的回報，這應該是大家常聽到的事。

• 但對於中年以後的人來說，要進行長期的指數化投資，不是沒有可能時不我予。即便經過一個不堪的熊市，**只要願意把投資放 20 年或 30 年，基本不必太擔心虧損；但**

到那時也已經白髮蒼蒼了，而 5 年甚至 10 年的中短期投資期間不是不可能有虧損。

指數化投資有不看盤、不選股、不挑買點就能得到貼近大盤平均績效的好處。由於這也不是一種能時時刻刻讓你感到穩賺不賠的投資，總是讓許多退休族望之卻步；然而，就算是中高齡以後才選擇指數化投資，也不是不可以。《鄉民的提早退休計畫》作者之一泰勒‧雷利摩爾（Taylor Larimore），最早受到約翰‧柏格（John Bogle）指數化投資的激勵是在 1986 年，那時他已經 62 歲了。我個人認為，要解決指數化投資的疑慮，可以這樣做：

• **定期定額或是分批投入**：雖然 2021 年股市高漲的時候，很多人引用研究結果，主張單筆投入長期來說可以得到最好的報酬率，但是 2022 年馬上來了熊市，那怎麼辦呢？定期定額或分批投資，可以避免短期內面對不小心買到最高點，之後市場立刻暴跌的不理性心理效應；例如在虧損的情況下熬不住而把投資賣出，之後就很久都不敢再投資。而中年人沒有很長的時間再來做這樣的心理實驗，寧願少賺，也不一定要追求報酬最大化。

• **股債資產配置與再平衡**：指數化投資是要搭配一定比例

圖2 台股大盤指數近20年震盪向上
——台灣加權股價指數走勢圖

註：資料期間為 2000.06.01 ～ 2022.09.01
資料來源：XQ 全球贏家

的債券投資，這裡指的債券是以安全的投資等級以上公債為主和少部分投資等級公司債，甚至是定存與現金，而不是 all in 股市，這樣才能降低股票投資的風險，也能穩定投資的績效。雖然股市長期成長的特性沒有其他投資工具可以取代，但是短中期的波動風險對於退休金投資仍然需要十分注意（有關股債資產配置和再平衡，將在 2-9 說明）。

指數化投資法雖然相對其他投資方式輕鬆，但也不是可

以用簡單一句話說投資 0050 或是美股 ETF 就對了，還是要了解股市的特性，掌握路況，並且加裝安全氣囊，才能夠安心上路，對於中年之後的投資更是如此。

解惑海外投資的3大常見問題

1.在哪裡可以投資？

要投資美股上市的 ETF，早年透過台灣券商複委託下單手續費很高昂，且有最低手續費門檻，每次動輒 20 美元，因此有許多人會向海外券商開戶。但是近年隨著競爭白熱化，複委託的手續費已經降低，以定期定額來說，2022年部分手續費率可以低至 0.18% ～ 0.2%，也有券商推出取消最低手續費門檻的規定。

因為這些費用隨時可能調整，我就不在書中說明。但請記得，單筆交易的表定費用率很高，但通常可與券商營業員議價，在下單前務必確認，以免被收了高額手續費。至於海外券商開戶，我有朋友因小中風失憶，把帳號密碼都忘了，所以我個人會選擇受台灣政府監管的複委託。

2.萬一有段期間被套牢，套在不同市場有何差異？

一個關鍵的不同是，台股的特色之一就是殖利率比較高，

像是 0050 通常會有 3% 上下的股利，所以像是樂活大叔施昇輝先生會有一句「大不了套牢」的順口溜。

但若是套牢在美股上，美股的殖利率相對於台股是比較低的。而且截至 2022 年 9 月，台灣和美國並沒有租稅協定，所以，投資美股的股票股利是還要被美國課 30% 稅。像是投資全球股票市場的 VT，殖利率長期只有 2% 上下，如果扣掉 30% 的稅之後，等於是實領 1.4% 上下。

因此，遇上全球市場不景氣被套牢幾年的時候，如果你不想要提領投資本金，只想用股利來生活，那麼不論是投資 VT 或是投資美國市場的 VTI，都很難滿足你的需求，**這也是前進海外分散投資必須有的認知，它的目的是分散風險並取得貼近市場的報酬，投資追求總報酬的指數化工具，重點就不是放在可以領取高額的股利**（請記得追求高股息有很大的可能是會犧牲掉總報酬的）。

至於如何解決套牢期間的現金流問題呢？那就要從資金的配置來解決了，這點將於 2-9 說明。

3.投資本國、全球或美國市場各該占多少比重？

指數化投資之父約翰·柏格在他的《約翰柏格投資常識》

書中並不建議美國人投資非美國股市，理由是美國本身很強盛，再來就是他提醒了匯率的風險。不過他倒也沒有說這就是標準答案，大師都說這是有待商榷的事，我也就不能假裝說我知道。

　　既然是這樣，就用一個自己心理上能夠接受的配置比率來決定吧。我一向對於新的投資都是慢慢來，所以我是會用定期定額的方式，朝向讓海外資產占股票投資部位的50%，僅供參考。

股息投資法①
2-4 個股投資需格外重視防禦性

在進入這一小節之前我要聲明，其實我內心是完全臣服於指數化投資法的，但是因為意外退休後突然沒了工作收入，加上那時候對指數化投資才剛開始了解，所以是先進行個股投資來產生現金流。

不過，我在部落格中很少談及我的個股投資細節，因為我覺得指數化投資可以大聲講給大家一起來複製，但是個股投資除了跟指數化投資法一樣要面對市場上上下下之外，還增加了自己選擇錯誤的變數。

和指數化投資法比起來，主動挑選個股領股息（現金股利）的股息投資法比較像是一種民間信仰——信徒很多，可是每個人挑的個股都不同，很難像指數化投資法一樣可以跑一些歷史回測來做驗證。

即便是這樣，我還是保留相當比例的個股投資，針對這個狀況，我得承認我內心中有些不理性。

面對退休現金流，我也有股息依存症

我在退休後因為收入突然中斷，又看到公公因為有投資股票領股息，到 90 歲都不需要向子女拿生活費，所以優先採取的退休金投資方式是透過股票投資建立現金流。

我還記得退休之後不久，那時還在世的老爸擔心我，常常問我，「沒上班了沒收入怎麼辦？」，最簡單可以安慰老人家的一句話，不是「我有在做指數化投資，總報酬會最大」，而是「股票會發股息給我，不用擔心。」

過了 1、2 年，已經快 90 高齡的老爸看我神清氣爽，開口跟我說，「我老本還有一些，妳幫我拿去買股票。」事實上，以前我家老爸對於股票完全是絕緣體，一直到這樣的高齡，才對我公公竟然都不用向子女拿生活費的事有感，似乎在遺憾著自己沒有及早投資。可是那時候以父親的高齡，我怎麼敢幫他買股票？我只好跟他說，「我來投資就好了，拿到股息的時候再分給你。」

只知道定存的父親，在我結婚那年的 1997 年，和我公公一樣有幾百萬元存款，一樣領高達 5% ～ 6% 的利息。一直到 2022 年離開人世的時候，還來不及趕上升息，定存

利率還不到 1%。印象中我退休的時候，他本來還有幾百萬
元的存款，但因為負擔自己和母親的醫療費、母親的後事，
以及自己最後半年的照護費用，剩餘的存款僅差不多可以
辦一場自己的後事，而當中還有相當數額是子女的孝親費。

「破產上天堂」很痛快，像父親這樣花得剛剛好更是精
心設計都不一定能辦到的事。但我知道父親會想要我幫他
投資股票，其實是擔心最後錢不夠，造成子女更多的負擔，
也許對於沒有及早理財，也帶著一點對人生最後的感慨吧。

這就是為什麼我相信指數化投資法，卻仍然對股息有著
不理性喜好的原因。

雖然從理性上來說，用指數化投資法追求「總報酬」才
是正確的方式，去看所有近年的美國理財經典，都會告訴
你放下屠刀立地成佛，自己選個股投資要承擔很高的風險。

我也深知，像我一樣從台灣市值前 50 大的公司中，挑
選連續 10 年以上配發股息，並且換算殖利率比較高的公
司，雖然考慮到了穩健性，但卻可能投資到成長性比較低
的公司，例如電信股、金融股的未來成長性就一定不如台
積電（2330）；而這樣的投資組合也容易集中在某些產業，

沒有辦法達到像指數化投資法一樣的分散。

　　即便這麼說，相信不少所謂「存股」的鐵粉並不會介意持股是不是分散的問題，原因在於在台灣，大家已經深信「兆豐金（2886）和第一金（2892）都是大到不能倒。」「中華電（2412）股價就是穩，不可能大跌。」甚至連已經了解指數化投資法的人，也會有人私心覺得中華電分明就比陰晴不定的美國公債 ETF 好。

　　對於喜愛從這些公司穩定領取股息的人來說，比起股價仍會上下波動的指數化投資法（詳見圖 1），股息投資法的確比較容易安心。即便短時間股價還是會有變動，也相信只要股數在，能領到穩定的股息就好了（詳見表 1）。但是這種著重股息的投資，真的是天衣無縫？如果查詢 2008 年金融海嘯的歷史資料，兆豐金也曾經跌到 7.82 元，2009 年殖利率大幅縮水到剩 1.6%，中華電也曾經從當時的高價腰斬到剩 45.6 元。如果這種雪崩式股災來的時候，堅定的信心真的可以不受影響？

人對於「股息」普遍有不理性偏好

　　其實對股息的迷思並不只是台灣人有，2012 年一篇刊

圖1　相較0050，中華電股價走勢相對平穩

中華電（2412）股價走勢圖

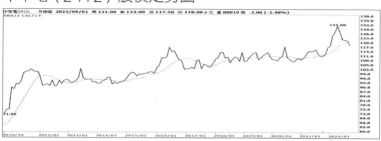

元大台灣50（0050）股價走勢圖

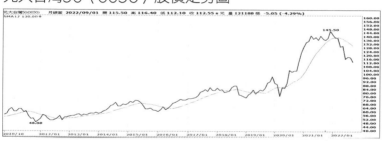

註：資料期間為 2010.10.01 ～ 2022.09.01
資料來源：XQ 全球贏家

登於美國《富比士》官網上的文章引述一份哈佛、史丹佛及紐約大學 3 位教授做的研究，他們追蹤一些證券帳戶，發現投資人從證券戶中提領「股息」的金額明顯比賣掉股票「價差」獲利來得多。投資人容易領股息來消費，但對於價差則寧可留在帳上不去提領。

109

例如，我總是會盤算今年可以領多少股息，感覺那是我這退休族的年收入。我當年可以具體跟父親說我每年有多少股息，就能讓他老人家安心。當然賣掉有價差的股票也是會有收入，但畢竟那比股利不可預測，不是年年都有好行情可以落袋為安。

當股票有帳面虧損的時候，我比較容易想著股息收入有多少，虧損只是帳面上、短期的，可以不用去介意它。而股息雖然並不是保證每年都會有，金額也不確定，不過相對股價還是比較穩定。

如果有 2 檔大致一樣的股票：

• 投資 1 檔配息很少的 A 股票，1 年獲利 10%。
• 投資 1 檔配息穩定的 B 股票，殖利率 5%，帳面有 5% 的獲利。

一般人比較容易提領 B 股票配的 5% 股息出來用，比較不會去賣掉 A 股票 1 年賺 10% 中的 5% 價差出來用，因為覺得有可能會再漲。

兩種情境的股票分明是一樣的東西；就算股利發得少，

表1 中華電股息發放穩定，每年約在4～5元
——中華電、元大台灣50每股現金股利

股利所屬年度	現金股利（元）	
	中華電（2412）	元大台灣50（0050）
2012	5.3500	1.35
2013	4.5251	1.55
2014	4.8564	2.00
2015	5.4852	0.85
2016	4.9419	2.40
2017	4.7960	2.90
2018	4.4790	3.00
2019	4.2260	3.60
2020	4.3060	3.40
2021	4.6080	5.00

註：元大台灣50自2016年起每年配息2次，本表為年度合計數字
資料來源：HiStock 嗨投資

需要錢的時候，你也可以賣掉股票。不過，之所以有研究顯示人對於股息的不理性偏好，那就是因為人並非完全理性的動物。

　　為了幫我的不理性找個合理的理由，要提一下我很推薦的指數化投資法經典《漫步華爾街》。有些人聽到我說這本書的書名時會愣住，以為我推薦的是快速致富的股市操

作大法，其實並不是。

　　這是一本強調慢慢變有錢的好書，作者墨基爾教授（Burton Malkiel）在書中談到按年齡做資產配置時，也有提到在接近 55 歲，離退休年齡比較近的時候，可以配置一些股息投資的部位，可見收益對於很多退休族來説還是不可否認的需要。

　　不過，他建議的投資是不動產投資信託（REITs），我自己覺得這個對台灣人並不見得適合。例如最有名的先鋒不動產 ETF（Vanguard Real Estate ETF，VNQ），截至 2022 年 9 月 15 日，晨星網站上顯示它的 12 個月配息率只有 3.07%，但我們投資美股的收益還要被扣 30% 的股息税。

　　而其實 VNQ 在先前幾次股災時股價也是大跳水，不輸股票。像是金融海嘯發生的 2008 年，那一年先鋒美國整體市場 ETF（Vanguard Total Stock Market ETF，VTI）全年度下跌了 38.35%（不含息），而這檔 VNQ 則是下跌了 40.69%。

　　而 2020 年新冠肺炎（COVID-19）期間，從 3 月

23 日回推 1 個月，VNQ 跌價 42.84%，同期 VTI 跌價 34.13%。再以 2022 年進入的熊市來說，REITs 的跌幅也不比美國整體股市低，截至本書寫作的 9 月中，VNQ 跌價 22.18%，甚至比股市跌得更劇烈，代表美國整體市場的 VTI 同期下跌 18.65%。

以上我想是很好的提醒。很多訴求收益的投資，容易讓人感覺安心，波動卻常常不小，讓人大吃一驚。

想用股息發退休金給自己，需選擇健全好股

好了，我的告解到此結束。既然有些退休人士和我一樣有共同的需求，而美國人也一樣，那麼雖然這個投資方式不是人人能複製，我也不能假裝沒有這種退休金的運用方式。不過，我會把風險、問題和難處講清楚。

在台灣，很多人稱這種投資股票以領股息的方式為「存股」。雖然「存股」的人不少，但是也有很多人反對這個字眼，因為它看來像是在暗示比定存好，卻沒有明示它背後的風險。也常看到有人揶揄說「存股＝存骨」，會拿了股息卻損失了價差，等於左手進右手出。這個的確是要注意，我也覺得這個批評非常值得省思，但卻也不是一定

會發生。

假如我從台灣市值前 50 大的公司中挑選出一些適合存股的股票，結果變成「存骨」了，那其實表示那段時間去買元大台灣 50（0050）或富邦台 50（006208），很大機率也是跌到見骨。像是 2022 年截至 9 月 15 日，0050 含息虧損 19.84%，那不是也見骨？所以說，如果存股會變成存骨，有時候是因為市場的大環境所導致，這句話是不錯的提醒，卻也不全然客觀。

我也不會拿自己的退休金開玩笑。所謂投資個股領股息，並不是要尋找價格會飆漲的個股來一夕致富，我並沒有想在退休後在家裡搞個個股操作的辦公室，然後變身女股神。我的目標不在於獲得最大的報酬，而是從股市中找到過去長期配息不中斷、經營健全的好股票，期待它未來也可以配發一樣穩定的股利，然後做個長期持有的小股東。

防禦型投資人可參考葛拉漢4大投資指引挑股

基於前面提到對於存股的許多批評，加上對於該怎樣投資個股的說法五花八門，我自己在個股投資上就特別小心，為了不讓退休金投資有致命的失誤，也不想在退休後為了

投資花很多腦筋，我寧可選擇老派一點的方式。而巴菲特（Warren Buffett）的老師葛拉漢（Benjamin Graham）給防禦型投資人的股票投資指引，是我的主要參考：

指引1》適度分散投資

為了避免一次重壓單一股票結果慘跌，葛拉漢建議保守的人需要分散投資於 10 ～ 30 檔股票之間。我的持股也是在這個範圍，為了避免踩到地雷，我有設定 1 檔股票不能超過我總投資金額的 10%，再心儀的股票也不重壓。

指引2》只投資大型、卓越且財務穩健的公司

我選擇以投資台灣市值前 50 大的公司為主，都是產業的龍頭。這些大公司的配息水準雖然比不上部分中小型的公司，但因為我是已退休的保守型投資人，我也不想要每天看盤，而市值大的公司倒掉的機會畢竟比較低。分散投資這些公司，我才不需要隨時盯緊市場或公司的風吹草動。

指引3》公司過去有長期穩健的配息紀錄

一般存股會將殖利率設定在至少 4% ～ 5% 左右的區間。我會倒回去看 10 年的配息紀錄，也會看一下像是 2008 年金融海嘯的時候，這些公司有沒有發股利。不過，金融海嘯是大環境一起出狀況，更需要注意的是個別公司發股

利的穩定性。

指引4》重視本益比

本益比就是 P/E ratio，分子的 P 是 Price（股價），分母的 E 是 Earnings（每股盈餘），算出來就是目前股價對盈餘的倍數。一般來說，會希望本益比可以在 12 ～ 15 倍或以下。如果一檔股票出現高本益比，要擔心分子的股價是否太高了，或是分母的盈餘有衰退。像是我的兆豐金是本益比 15 倍以下買的，經過 2020 年到 2021 年的漲幅，2022 年即便股價有跌下一些，9 月 15 日時兆豐金的本益比還是有 22 倍多。而因為我的兆豐金占我所有股票的比重也較高了，再好的股票我也不會重壓，所以我也沒有因為它今年股價下跌而繼續買入。

本益比依產業也會有不同，像是比較牛皮的電信三雄（中華電、台灣大（3045）、遠傳（4904）），本益比就長期在 20 倍以上。而電子類股的本益比起伏就比較大，像是台積電也有段時間都高於 20 倍，尤其 2020 年下半年後，台股從 COVID-19 股災大幅反彈，台積電一馬當先不斷上漲，市場好消息不斷；大家都會覺得以台積電這麼有前景的公司，本益比別說 20 倍了，甚至 30 倍都不為過，因此當時不少人都買在本益比 20 幾倍的時候。但是到了

2022 年遇上股災，它的本益比還是回到了 20 倍以下，2022 年 9 月 15 日時本益比為 16 倍。

當一家公司前景不變，若能在本益比較低的時候買進，風險自然就會小很多。**要避免「存骨」，首先就是不能在群情激動的時候，跟著大家一起鼓掌叫好。**

其實，現在你可以看到各式各樣五花八門的選股標準，不過我覺得對新手或是像我一樣的保守投資人來說，上面 4 個指引加上避開波動較大的科技類股，是比較安心的起手式。

大型股的股性平時雖然不像中小型股活躍，不過，像是遇上大股災的時候，這些股票會是政府國安基金救市的對象。以國安基金過往買進的個股來說，都是股民琅琅上口的大型龍頭股，也常都是台灣前 50 大市值的股票；這些股票除了相對安全之外，國安基金會買進大型股，其實也是因為拉抬大盤指數的效果較為明顯，有穩定市場情緒的作用。

另外，勞保和勞退等基金投資的，也是這些具有穩定性的大公司，至少不需要太擔心在漫長的退休生活中變成壁

紙。再說,透過資金的分散,也可以降低萬一還是出問題時的衝擊。

我多少也有幾檔不屬於市值前 50 大的比較中小型的股票,不過我控制這部分合計不超過我總投資資金的 15%。

逢低買進、股息再投入,有助提升投資勝率

歸納退休後幾年我的股息投資法心得:

1. 防禦型股息投資在股市震盪時有可能比較耐震,但是長期會輸給市場指數:我每個月初有記錄投資帳務的習慣。在寫這本書的 2022 年 9 月,我往回看 1 年,股價最高的時間是在 2022 年 2 月 9 日,而最後一次記帳是 2022 年 9 月 5 日。這一段時間股市劇烈震盪,0050 跌幅 20.4%,下一節要介紹的元大高股息(0056)和國泰永續高股息(00878)則分別跌價 15.9% 和 14.1%,而我那一籃子股票跌幅是 11.59%(詳見表 2)。

這不能說是很精確,因為期間我有買賣股票,股數會變動,我的報酬率是用 2022 年 9 月 5 日那一天實際持有股票的股數來計算。看起來,短時間我比大盤虧得少,不過

表2 **2022年來，嫻人投資組合相對大盤抗震**
——2022年高點至9月初績效比較表

	元大台灣50（0050）	元大高股息（0056）	國泰永續高股息（00878）	嫻人的一籃子股票
2022.02.09 股價（元）	143.40	33.50	19.60	N/A
2022.09.05 股價（元）	114.15	28.18	16.84	N/A
下跌金額（元）	-29.25	-5.32	-2.76	N/A
下跌幅度（％）	-20.40	-15.90	-14.10	-11.59

資料來源：PChome Online 股市、作者個人帳務

其實我的 5 年報酬率是輸給大盤的。2022 年 9 月 15 日往回推 5 年，0050 含息報酬率是 62.26%，而我想就算我把這 5 年用掉的錢加回去，資產也沒有成長 6 成。

2. **股息被動收入可望逐年提高**：隨著公司業績成長，有希望可以逐年提高配發的股利，那樣相對於你成本價的殖利率也有機會逐年提高。當然股利不是保證，像是台泥（1101）2021 年每股配發 3.37 元股利，但是 2022 年就只有配發 2 元，而且其中 1 元不是現金，而是股票股利。另一個增加被動收入的關鍵，就是每年配發股息之後，

不能全部花光光，要保留一些再投入，這樣股數增加，才
會錢滾錢，產生複利的效果，也才可以對抗通貨膨脹。

3. 我的「存股」沒有變成「存骨」：在 2018 年～
2022 年領取 5 年的股息之後，即便經過 2022 年前 9 個
月的震盪，我的證券戶頭帳上還有獲利。如果你想要避免
股票買入之後看到虧損的紅字，那就是耐心的等待。比較
保守的人可以像我一樣，拿出台灣市值前 50 大的公司清
單當成母數，這個清單在眾多理財網站上都能查找到。當
有股市大震盪的時候就拿出來檢查一次本益比，堅持買到
低價的股票，就可以降低虧損的機率。不過當然，等待的
時間也是金錢，我大概花了 3 年的時間，才把一籃子股票
建置完成。

股息投資法②
投資高股息ETF的5大重點

2-5

　　如果你不想和我一樣自己選股，那麼投資市面上很熱門的高股息 ETF 的確是一個便利的好方法。不過，我想提醒的是，即便是投資這種套裝產品，還是應該做足夠的功課。

　　偶爾有網友會問，元大高股息（0056）好不好？或是國泰永續高股息（00878）現在可不可以買？

　　每次看到這樣的問題，實在很想說，我真希望讀者稍微去研究過，有想討論的點再來交流。直接這樣問的結果，可能變成是人云亦云，而投資自己不了解的標的，其實是很危險的事。**畢竟再好的投資都有風險，充分了解之後才能有足夠的底氣長期持有，不容易輕易從市場被彈開。**

　　以下是我認為在投資這些高股息 ETF 的時候必須注重的5 大重點，雖然很多人在看高股息產品會直接看殖利率，但我覺得更重要的是必須先了解 ETF 選股方式、周轉率，

還有費用率等。

重點1》 了解ETF的「選股方式」

市面上經常推出新的 ETF，我建議保守的投資人從歷史較久，或是規模較大的 ETF 入門，避免踩到地雷。因此本書就以 2022 年最受投資人歡迎且規模較大的 0056 和 00878 這兩檔 ETF 來説明。以下是先來看看這兩檔 ETF 的選股方式：

元大高股息

• 追蹤的指數是台灣高股息指數（FTSE TWSE Taiwan Dividend+ Index）。

• 選樣範圍含台灣 50 指數及台灣中型 100 指數成分股。

• 選股規則是由前面這些選樣範圍中篩選符合流動性測試標準者，再從中挑選「未來 1 年預測現金股利殖利率最高的 30 檔股票」作為成分股。

國泰永續高股息

• 追蹤的指數是 MSCI 台灣 ESG 永續高股息精選 30 指數（MSCI Taiwan Select ESG Sustainability High Yield Top 30 Index）。

- 選樣範圍包括 MSCI 台灣指數。
- 選股規則是篩選 MSCI ESG 評級為 BB（含）以上且 MSCI ESG 爭議分數達 3 分（含）以上之個股（註 1），依調整後股息殖利率排序取前 30 檔（調整後股息殖利率 25% 決定於當期殖利率，75% 決定於過去 3 年平均值）。

　如果以葛拉漢（Benjamin Graham）在《智慧型股票投資人》一書中提出的選股標準之一是「過去長期穩健的配息紀錄」來說，其實台灣這前兩大高股息 ETF 都和傳統股息投資法「長期持有好公司」的精神大不相同。0056 是預測未來，而 00878 有兼顧過去歷史配息，看起來是比較好的選股方式，不過也只看 3 年的期間，仍是比較短的區間。

重點2》「周轉率」太高易產生較高費用

　雖然 2 檔 ETF 都有控制周轉率的機制，也就是避免不要因為選股的方式而導致頻繁變動成分股，但是

註 1：「爭議分數」指根據公司陷入的爭議事件，按環境、社會、公司治理這 3 個層面，並依事件嚴重程度、類型及狀態進行分析；MSCI 爭議分數分數範圍為 0 ～ 10 分，公司陷入爭議事件愈嚴重則分數愈低，愈輕微則分數愈高。

0056 在 2021 年周轉率 45.7%，而 00878 則更是高達 61.53%；反觀美國先鋒集團出的高股息指數 ETF（Vanguard High Dividend Yield Index Fund ETF，VYM），它在 2021 年的周轉率僅是 8%。

周轉率高表示 ETF 成分股經常汰舊換新，會較易產生成本且反映到費用率上面，最後就是吃掉報酬率。就跟我們自己投資一樣，如果經常買賣股票，並不代表可以得到更高的報酬，但是一定會付出一大把手續費給券商和高額的稅金給政府。

重點3》「費用率」過高恐侵蝕報酬率

我之所以在退休後把基金和投資型保單都處理完畢，很主要的原因就是這些商品的高費用率。我在退休後看的每一本美國經典的理財書，都在討論費用率吃掉報酬的影響，而投資 ETF 就是要能夠解決這個問題，沒道理場景換成 ETF 之後卻完全不介意這個問題。

除了追蹤大盤指數型的 ETF 之外，其實標榜其他選股方式（包括高股息）的 ETF，都沒有人能夠打包票可以得到更好的總報酬。既然不管是 0056 或 00878 也都沒有誰能

保證它的報酬會更好，那這時候要你掏更多錢的產品，就應該想一想了。

　　以 2021 年全年度的費用率來說，0056 的年度費用率是 0.74%，00878 則是 0.57%。而截至 2022 年 8 月 31 日，0056 的規模高於 00878，應該要有更高的經營效率，其實沒有道理老牌的 0056 費用率更高，這是理性上很合理的思考。以前述美國的高股息 ETF——VYM 來說，費用率才僅止於 0.06% 而已。

重點4》ETF股息中也可能包含價差

　　殖利率是投資人最在意的項目。以歷史配息來說，0056 曾經在 2010 年沒有配息，其餘年度最低殖利率是 2013 年的 3.61%，最高則是 2019 年的 6.7%，而 2021 年則是配了 5.42%。

　　不過要注意的是，以我收到 2021 年 0056 的收益分配通知書來說，其中只有 37% 是來自「股利或盈餘所得」，而有高達 63% 是來自「財產交易所得」，也就是前面說的頻繁交易之下買賣成分股實現的價差。不過，既然選股的方式已經是預測最高配息的公司了，為什麼還會出現要以

高比例的交易所得來充當配息，這點令人不解。

　　也許因為配息不全是股息，對於收入較高的人來說可以少繳一點所得稅，不過要擔心的是，萬一那年股市行情不好，會不會影響配息呢？雖然 2022 年 0056 在市場行情不好的情況下仍然配出高股息，但是最終還是得回到看總報酬，才不會被這些狀況弄得令人眼花撩亂。

　　而 00878 是 2020 年才成立，沒有長期歷史資料可以觀察， 2021 年的殖利率是 5.41%。

　　再舉先鋒集團的 VYM 為例，我並不是要幫它推銷，因為 2022 年 9 月中它的殖利率僅 3% 而已，一方面不符合台灣人的胃口，一方面要記得美股還要課 30% 的股息稅。不過，我要說的也就是這個產品並不會一味偏重高股息，並且它的成分股檔數超過 400 檔，也因此和台灣的高股息產品很多成分股只有 30 檔個股比起來，它的表現會更貼近大盤。

重點5》觀察「總報酬」，比較ETF整體表現

　　前面提過，投資必須看價格上漲的價差和配息兩者合起

表1 高股息ETF總報酬率遜於大盤型ETF
——高股息與大盤ETF之10年報酬率比較

ETF 名稱	美國發行			台灣發行		
	先鋒高股息（VYM）	先鋒美國整體市場（VTI）	差異（百分點）	元大高股息（0056）	元大台灣50（0050）	差異（百分點）
報酬率	176.81%	236.02%	-59.21	87.37%	181.91%	-94.54

註：報酬率計算期間為 2012.09.14 ～ 2022.09.15

來的總報酬。以 VYM 這檔美國高股息 ETF 來說，2022 年 9 月 15 日回推 10 年含息總報酬是 176.81%，而同期先鋒美國整體市場 ETF（Vanguard Total Stock Market ETF，VTI）總報酬是 236.02%。為了追求大約 3% 的股息，VYM 的總報酬率約是 VTI 的 75%，過去 10 年犧牲掉約 59 個百分點的總報酬（詳見表1）。

而以 0056 這檔台灣的高股息 ETF 來說，2022 年 9 月 15 日回推 10 年含息總報酬是 87.37%，而元大台灣 50（0050）這個代表台灣大盤的 ETF 同期總報酬是 181.91%。為了追求高股息，0056 的總報酬約是 0050 的 48%，耗損了 95 個百分點，犧牲總報酬的幅度比 VYM 更大。00878 則因為成立時間比較短，還無法比較。

未來會如何不知道，但還是建議要注意在追求高股息的同時，是否犧牲掉太多的總報酬。

如果現在是 2012 年，你會選 0050 還是 0056 ？

台灣這些高股息商品的高周轉率和較高的費用率，是我雖然也持有一部分，但卻沒有投入更大金額的原因。而後來在 2022 年的熊市中，我把高股息 ETF 都換成 0050 了。

台灣的高股息 ETF 通常持股只有 30 檔，其實就風險分散上面來說，並不是做到很足。就一個稍有時間的投資人來說，若想自己從一些市值大的公司裡面找到高殖利率，但自己更能長期持有的好公司，其實並不難。

當然，我自己仍有領股息的迷思，而投資也難以完全理性，只是要投資這樣高股息 ETF 的時候，如果有人問我好不好，還真的是一言難盡。它們當然解決了一般大眾不想要自己選股的問題，也比完全不投資來得好，不過看起來仍是有相當的優化空間。

2-6 指數化投資法PK股息投資法 哪種適合我？

目前美國、日本和台灣的投資界建議不要自己選股的聲量愈來愈大，也有愈來愈多人知道不要偏斜到長期總報酬可能比較低的高股息 ETF，包括《遠見雜誌》採訪過的日本財經專欄作家大江英樹，在 60 歲退休之後都是定期定額投資全球股票型 ETF，他在退休之前任職於野村證券，是潛在的選股專家呢！

資產累積階段，指數化投資會是較佳的選擇

我會覺得如果距離退休還有 10 年以上，還在資產累積的階段，那麼，重視資產成長的總報酬投資，也就是指數化投資法，會是最好的選擇；**還有工作收入的時候，沒有需要為了現金流犧牲總報酬。**

而至於進入退休階段呢？資產成長當然還是很重要，畢竟像是 2022 年的通貨膨脹，想必讓人很有感覺，如果你能夠信心很堅定，那我相信指數化投資法可以帶給你最大

的資產成長效果。

但是如果和我一樣有不理性的股息依存症，那就跟我一樣小心翼翼地進行；尤其是投資新手，建議只選龍頭股，並且分散投資吧！如果還是要投入台灣那幾檔雖不完美但比都不投資好的高股息 ETF，也要記得避免新推出的 ETF，因為太五花八門的選股方式，一般人很難判斷那樣的選股方式有沒有問題。

雖然說適合自己，讓自己晚上能睡得著的方式就是好的理財方式，但是一定要在做決定之前徹底充分了解利弊得失，清楚自己正在做的取捨；以免過了幾年之後才發現認識不清，或是驚覺總報酬矮別人一截而後悔傷心。

我這就來把股息投資法和指數化投資法做一個複習與比較，請見表 1。

看完了比較表，你會選擇哪一種？我是因為剛退休時還沒全盤思考，就跟上公公的腳步開始布局股息投資，但是後來我也加入了指數化投資，變成指數化投資法和股息投資法並行了。**個人覺得在考慮利弊得失之後，以退休族來說，混搭也是可以的方式，這樣可以兼顧收益和成長。**

但是，如果你已經有比較高額的勞保或是公保，其實就可以放心採用指數化投資來提升總報酬。要不然，花不到的股息收入你還是要再投入，又是一次的交易成本，也犧牲掉總報酬。

即使採取股息投資法，也要做好資產配置

最後，我要提醒，即便是股息投資，也要考慮做好資產配置。

巴菲特（Warren Buffett）的老師葛拉漢（Benjamin Graham）可以說是存股族的祖師爺，沒想到葛拉漢這位股神的老師早就提出不要 all in 股票很重要了。

葛拉漢說，特別不喜愛市場波動的防禦型投資人，在股票投資之外，配置像是債券等安全資產非常重要。他建議防禦型投資人的股票應該只占 50%，但是可以有彈性地在 25% ～ 75% 中間調整。

雖然我剛退休的時候主要是存股，後來才用定期定額加入指數化投資，不過因為退休後研究了美國的退休金提領 4% 法則（3-4 會再提到）；在 4% 法則的觀念之下，資產

表1 指數化投資法的總報酬通常優於股息投資法

比較項目	指數化投資法	股息投資法
投資成本	先鋒（Vanguard）系列ETF的投資成本是市場最低，透過國內券商複委託就可以用很低的成本參與 國內的元大台灣50（0050）、富邦台50（006208）則還可以加強	個股投資要以長期持有為原則，避免頻繁交易，否則手續費和稅金也可能很驚人 高股息ETF則要查清楚選股方式、內扣費用率、和周轉率
執行難度	只要能做到長期持有，人人都可以複製一樣的績效 如果是要投資美國的ETF，有些人會對於開複委託戶頭感到陌生，不過可以選擇自己熟悉的大型券商來克服	自己選股的門檻比較高，即便投資高股息ETF，也要小心避免被花俏的選股法吸引 元大高股息（0056）和國泰永續高股息（00878）雖有缺點，不過相對新ETF來說還是較安全
長期報酬	長期投資，追蹤大盤即可勝過市場大多數的投資人，可以得到貼近市場的績效，總報酬高，累積退休金較快 搭配4%法則，即便在退休之後還是可以享受資產成長的可能性	非常可能輸給大盤，累積退休金可能較慢。在高通膨的時代，較低的總報酬可能抵抗不了通膨的侵蝕
退休後現金流	配息較低，但搭配資產配置，每年的再平衡就是一個取得現金流的時間點（詳見2-9）	股息雖然每年會有波動，但相較股價還是較穩定，不可否認對於喜歡配息的台灣人具有令人安心的作用

—— 指數化投資法vs.股息投資法比較表

比較項目	指數化投資法	股息投資法
分散性	分散性高，透過一檔商品就可以投資一個國家，甚至全球全市場，不需承擔選錯個股的風險。但是當然，市場本身波動的風險並無法去除	自己選股容易因為想領取更多股息而集中投資在台灣，甚至集中某種產業（例如金融股），甚至少數個股。即便是高股息ETF，如果只有30檔成分股，仍是不夠分散
波動性	雖然長期總報酬高，但須耐受中短期不可避免的股市震盪，像2022年的熊市持續數個月就會讓許多人撐不住 20、30年長期投資幾乎不會虧錢，但如果遇上較猛烈的熊市，不是不可能要等5、10年市場才恢復	即便選擇市值大的產業龍頭股，一樣必須接受股票畢竟是股票；兆豐金（2886）在2008年也跌到10元以下，只是因為著重於領股息，有可能比較能接受短期波動。高股息的ETF也不一定比大盤波動度低
其他	若是投資全球股市或美股ETF，想靠配息作為退休現金流，配息也是以美元計價，須考慮到匯率風險 以2022年9月的時間點來說，美國發行的股票型ETF配息時會有美國方面30%的股息稅（債券ETF則是先預扣30%，但隔年會有比例不等的退稅）	沒有匯率風險的問題。台灣的股息課稅則看政府的最新法令

配置是很關鍵的環節,所以,我大概成了台灣存股族中會同時搭配資產配置的少數。

很多採取股息投資法的人會習慣投入所有資金,只留一些現金。當然若你的資產非常大,或是對風險接受度很高,連續幾年的熊市來的時候你都不擔心,可以安心領股息不介意帳面上的損失,那可能不覺得資產配置有什麼重要。

可是,如果你和我一樣比較小心,又是個性上比較不願意看到紅字太久的防禦型投資人,那麼即便是股市舉國歡騰的時候,也要冷靜把一定比例的資金放在安全的債券,甚至是利息很低的定存上。這樣股災來的時候,比較不會嚇到而低價出脫你的投資,也能保有逢低買進的空間。

不管是追求總報酬的「指數化投資法」或是偏好現金流收入的「股息投資法」,都可以為自己安排好接下來要說的股債資產配置以及再平衡,1年1次實施買低賣高,除了是安全控管之外,也是獲得退休現金流的來源之一。

(2-7) 藉由配置債券達成3目的 為投資加裝安全氣囊

雖然股票市場的成長是長期向上，但是當中難免會遇到如 2022 年這樣從高點下跌 20% 的熊市。根據《投資前最重要的事》一書作者班・卡爾森（Ben Carlson）在他的網站「A Wealth of Common Sense」一篇分析二次世界大戰以來美國 13 次熊市的文章中統計，熊市有可能像 2020 年 3 月新冠肺炎（COVID-19）導致的熊市那樣 1 個月就結束，反彈之後再 6 個月就回到原先的高點。

但是，也有可能像最長的熊市，2000 年科技股泡沫破裂後到 2002 年共下跌 31 個月後落底，離開熊市之後，又再經過 48 個月，才回到原先的高點；等於説，如果有人在 2000 年的高點投入，那麼要經過 6 年多的時間，才會恢復投資的價值。

在股市上漲的時候很多人會 all in 全數投入股市，但是萬一遇上像 2000 年那次一樣要等待超過 6 年多，市場才完全恢復呢？

• 如果還在上班有工作收入，那問題不大。2000 年熊市的期間，我擔任一個部門的經理，兒子也在那期間出生，那時候資產還小。現在回想起來，那次美股暴跌，並沒有影響工作和家庭喜事的心情。

• 如果已經進到退休準備倒數幾年的階段，則可能會影響原先定好的退休時間表。

• 若是已經進入退休階段呢？要是工作年資比較長，有勞保、公保等給付還可以安心一些，但如果是像我一樣提早退休呢？投資股市 20 年長期趨勢是向上，幾乎不太可能虧損，但要是遇上像 2000 年那次一樣暴跌，而且恢復期長達 6 年以上的情況呢？在這個過程當中，內心一定很煎熬，也許需要重出江湖找工作。

對於提早退休的狀況，退休金的理財在追求成長之外，兼顧安全就非常非常的重要。

投資的第一步就是要控制風險。在股票投資之外配置安全的債券資產，就是一個風險控管的機制。只要掌握這個原則，控制投入股票的比例，剩下的放在較安全、甚至是和股票反向的工具，那就可以不用在股海浮沉，能夠心情

穩定地理財了。因此，在了解股票之外，也必須了解債券。
在股票投資之外配置債券有 3 個目的：

目的1》獲得固定收益

債券有票面利率，債券是借錢給政府或是公司，除非政
府或公司倒帳，不然講好的這個票面利率就一定要支付。

對於美國的退休族來說，在退休金中配置「固定收益」，
也就是債券的部位，是很重要的退休收入來源。在 2022
年升息前幾年因為利率貼地板，當然這個收益的功能就降
低了；不過景氣有循環，在很長的退休歲月中，債券仍能
扮演提供穩定現金流的功能。

在台灣，也可以在郵局申購政府公債，但像是 2022 年
9 月中，6 月 30 日最新發行的 10 年期政府公債的票面利
率僅 1.25%，和定存利率十分接近（詳見圖 1），導致一
般人投資公債的情況仍然少見。

同時間 10 年期美國政府公債利率接近 3.5%，且當然比
台灣的公債具有避險的效果，因此反而大家對於美債還更
為熟悉。

圖1 台灣發行的公債票面利率與定存利率相近
——郵局公債業務專區公告公債概況

期別	發行日期 因因	期間(年) 因因	票面利率 (%) 因因	加權平均利率 (%) 因因	同時期郵政一年期定 期儲金利率—固定 (%) 因因
一一一乙 二	111/01/10	10	0.75	0.761	0.78
一一一甲 一	111/01/18	20	1.0	1.033	0.78
一一一甲 二	111/02/18	10	0.625	0.691	0.78
一一一甲 三	111/02/24	5	0.5	0.579	0.78
一一一甲 四	111/03/04	20	0.875	0.956	0.78
一一一乙 二	111/03/31	2	0.75	0.802	1.07
一一一甲 五	111/05/20	30	2.0	1.885	1.07
一一一甲 六	111/06/23	5	1.0	0.987	1.07
一一一甲 七	111/06/30	10	1.25	1.181	1.225

資料來源：郵局公債業務專區

目的2》分散投資風險

政府公債一向被認為與股票具反向的關係，特別是可以在股災時提供很好的保護效果，例如 2020 年 3 月 COVID-19 股災（詳見圖 2）及 2008 年金融海嘯期間。

以 2008 年為例，先鋒美國整體市場 ETF（Vanguard Total Stock Market ETF，VTI）下跌了 38.35%，但是（以

圖2 美國股票型ETF與美債ETF呈反向走勢
——VTI、IEF 3年績效走勢

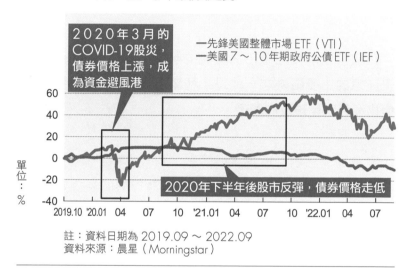

註：資料日期為 2019.09 ～ 2022.09
資料來源：晨星（Morningstar）

下都是不含配息，僅呈現價格的變動）：

• 美國7～10年期政府公債 ETF（iShares 7-10 Year Treasury Bond ETF，IEF）反而向上漲了 13.24%。

• 20 年 期 以 上 美 國 政 府 公 債 ETF（iShares 20+ Year Treasury Bond ETF，TLT）避險效果更佳，上漲了 28.27%。

雖然過去歷史是如此，但近年股債反向的關係受到多次挑戰，像 2022 年進入升息的區間後，出現了「股債齊跌」，為什麼這次會發生這種狀況呢？

投資股票前要注意市場震盪的風險；同樣地，投資債券要注意的主要風險之一就是「利率風險」，也就是債券的價格和利率呈現反向關係。

別被這句話嚇到，其實很簡單，假設你有一檔票面利率是 2% 的債券，可是現在升息了，新發行的債券會支付 3% 的利率，這時候你手中那檔支付 2% 利率的債券就會跌價。這就是當市場利率改變時，債券會跌價的「利率風險」。

因此，當 2022 年進入升息循環，公債價格自然就會下跌；不過公債有分為短、中、長天期，10 年內到期的中短期公債價格跌幅還是小於股市，例如 2022 年到 9 月 15 日 VTI 不含息下跌了 18.65%。而 2 檔主要用來避險用的美國公債 ETF 表現如下：

• 長期債券像是 TLT 這檔 iShares 系列的美國 20 年期以上政府公債 ETF，雖然在 2008 年的金融海嘯和 2020 年的 COVID-19 股災期間都發揮了最優異的避險效果，但是

圖3 **2022年中期公債的跌幅仍小於股市**
──2022年至9月中VTI、TLT、IEF績效走勢

— 美國整體市場 ETF（VTI）
— 美國 20 年期以上政府公債 ETF（TLT）
— 美國 7～10 年期政府公債 ETF（IEF）

單位：%

註：資料期間為 2021.12.31～2022.09.15
資料來源：晨星（Morningstar）

它受利率影響時，波動度也會非常大，下跌的幅度超過股票，2022 年至 9 月中的跌幅為 27.14%。

● 中期公債像是 IEF 這檔美國 7～10 年期政府公債 ETF 則是下跌了 14.26%，波動幅度還是比股票小（詳見圖 3）。

這一次用來避險的公債較大幅的跌價，是因為反映了美國升息的利率風險。所以雖然公債和股市相關性較低，可以在股災的時候發揮保護效果，但是遇上猛烈升息的期間，也還是要特別留意。

債券的利率風險通常是可以透過選擇存續期間中短期的公債緩解，況且公債 ETF 旗下是由眾多個別的債券組成，而隨著當中有些債券逐漸到期，各公債 ETF 也會在升息循環當中加入較高利率的新債券，升息期間持續握有公債，可以得到配息提高的好處。

目的3》持有單一債券具保本效果

如果是持有單一債券到期，例如像你借錢給美國政府或公司，那期間到了，除非它們倒了，否則就一定要歸還本金。不過，因為我們在台灣通常是透過基金或是 ETF 來進行投資，這樣是投資一籃子的債券，每檔債券到期日都不相同，也就沒有所謂的握有到期保本。

如前面所描述的升息期間公債 ETF 的跌價，像是長期公債 9 個月內跌價將近 30%，如果利率持穩，那靠殖利率要還本，以 2022 年 9 月中 30 年期美國政府公債殖利率大約 3.5% 來說，須持有將近 10 年才會回本。

另一個回本的可能是景氣總是會循環，萬一美國升息導致景氣衰退，而通貨膨脹也控制住了，那就有可能進入下一個降息的循環。由於債券價格和利率呈反向關係，這時

候債券價格會上升，有可能不但提前彌補損失，甚至可以期待景氣低迷時，公債再度發揮避險效果，但是這些都是看狀況，沒有保證。

可以還本的單一債券是像很多理專會介紹的美國單一公司債，像是蘋果、或是 AT&T 的公司債，那樣就可以持有到期保本。不過單一公司債是風險集中的投資，一般投資人資金有限，不太可能分散投資幾十檔公司債，所以一般不建議資產不夠大的人做這樣的投資。

有些朋友誤以為單一債券因為持有到期就可以保本，所以將它們視為一種定存，這是要特別注意的觀念 —— 債券絕對不是定存！

因為單一債券的市價還是要承受利率風險，如果債券到期之前你有需要脫手，在升息的期間一樣要承受跌價賣出的損失；而就算握有到期，若是升息當中，持有的期間也是鎖住一個比市場上同等級的債券較低的利率，所以到期保本只是表面的安慰。但是定存不會跌價，流動性也高許多，所以債券絕對不是等同於定存。更何況即便是著名的瑞士信貸也在 2022 年傳出危機，因此以退休規畫來說還是避免單一公司債的投資為宜。

投資3類債券ETF 可避免被違約倒債

　　債券有很多種，因為退休金不能開玩笑，就算錢沒有賺到，至少不能被違約倒帳。一般建議為退休金做規畫的時候，可以考慮的是信用評等優良的美國政府公債，和一小部分的投資等級公司債 ETF：

類別1》美國政府公債，為資產增加避險功能

　　各國政府都會發行債券，所謂的股債配置中的「債」也多半是指政府公債，其中主要是美國政府公債。有些新興國家財務不穩可能會倒債，但借錢給美國政府，你應該不用擔心被倒債，因為當股市震盪的時候，全球資金常常轉到美國政府公債避險。

　　至於許多人關心的配息，因為公債的風險是所有債券中最低，配息當然也最低。

　　具代表性的美國政府公債 ETF 如下：

美國基金公司發行

• TLT：iShares 系列的 20 年期以上美國政府公債 ETF
（iShares 20+ Year Treasury Bond ETF）。

• IEF：iShares 系列的 7-10 年期以上美國政府公債 ETF
（iShares 7-10 Year Treasury Bond ETF）。

• VGIT：先鋒中期公債 ETF （Vanguard Intermediate-
Term Treasuries ETF）。

台灣基金公司發行

• **元大美債 20 年（00679B）**：元大美國政府 20 年期
（以上）債券基金。

• **中信美國公債 20 年（00795B）**：中國信託美國政
府 20 年期以上債券 ETF 基金。

• **元大美債 7-10（00697B）**：元大美國政府 7 至 10
年期債券基金。

以上 6 檔政府公債 ETF 的資料整理於表 1。雖然表 1 中
是 2022 年 9 月中這個時點的資料，隨時間經過數字會變
動，不過還是可以用來做有意義的範例說明：

費用率

可以看到美國的 ETF 費用率普遍很有優勢，VGIT 這檔中

表1 美國基金公司發行公債ETF費用率低廉

年期	美國政府公債代表性ETF	證券代號	總淨資產	
20年期以上	iShares 20+ Year Treasury Bond ETF	TLT	249億美元	
	元大美債20年	00679B	新台幣360億元	
	中信美國公債20年	00795B	新台幣105億元	
7～10年期	iShares 7-10 Year Treasury Bond ETF	IEF	222億美元	
	元大美債7-10	00697B	新台幣3億元	
3～10年期	Vanguard Intmdt-Term Trs ETF	VGIT	116億美元	

註：
1. 總淨資產、美股之美債 ETF 費用率、總報酬率資料日期為 2022.09.15；
2. 台灣上市櫃美債 ETF 費用率為 2021 年實際費用率；
3. 配息率（美國 SEC 標準）為美國發行之 ETF 數據，台灣發行之 ETF 則無

期公債 ETF 甚至只收 0.04%；而台灣的商品除了中信美國公債 20 年在 2021 年費用率為 0.15%，和 iShares 系列商品相同之外，其他都需要加油。因為債券的長期報酬率會比股票低，因此投資債券更需要注意費用率的高低。

存續期間

債券的存續期間（duration）是用來衡量當利率變動的時

—— 美國、台灣主要美國政府公債ETF比較

配息率 （美國SEC 標準，%）	12個月配息率 （%）	費用率 （%）	存續期間 （年）	2022年至09.15 含息原幣別總報酬率 （%）
3.47	2.10	0.15	17.94	-26.14
N/A	1.43	0.28	17.82	-17.16
N/A	1.91	0.15	17.45	-15.63
3.15	1.35	0.15	7.88	-13.35
N/A	1.91	0.67	7.68	-1.92
3.38	1.33	0.04	5.30	-9.82

資料來源：
1. 總淨資產、美股之美債 ETF 費用率、總報酬率取自美國晨星網站（請注意以上為原幣別報酬，故不同幣別的產品報酬率不能直接互相比較）；
2. 台灣上市櫃美債 ETF 費用率取自中華民國證券投資信託暨顧問商業同業公會官網；
3. 存續期間取自各基金公司官網

候，債券的價格會升降多少（有關存續期間更詳細的說明，如果希望更深入學習，可以再上網找找，但對於一般的投資者來說，知道如何運用它就可以了。每檔債券 ETF 的存續期間都可以到基金發行公司對應的商品網頁上找到）。

　　舉例，TLT 這檔 iShares 系列的 20 年期以上美國政府公債ETF，2022年9月15日時，它的存續期間是 17.94 年，

這代表當升息（降息）1個百分點的時候，TLT的價格也會大約下降（上升）17.94%。不過這是大約的數字，實際上的變動幅度還會受市場情緒等因素影響。另外，因為債券有配息，所以其實損失並不是像帳面的損失那麼大，以一個年度的報酬率來說，還可以把配息加回去。

存續期間長的債券，在升息期間的震盪也較大，依照經濟循環狀況不同，像是2022年的時間點，長債的配息率不比中短期債券好多少。因此在升息期間應以中短期債券為主，以降低波動的風險；但就我知道，在這樣的時間點仍有不少投資人想趁跌深逢低買入長期公債，以便未來景氣陷入衰退時得到避險的效果。

不過，考量它的波動度，對於風險承受度比較小的，或是已經進入退休期的投資人，一般比較不建議投資存續期間長的債券。

配息率

因為持有債券ETF並不是單一債券，所以無法用票面利率除以買價換算殖利率。一般看到的殖利率，是該債券ETF過去12個月配息除以債券價格的估計數供投資人參考。另外，美國發行的債券ETF也會揭露美國證交所規定公告

的 SEC 標準的配息率，這個數值是各 ETF 依規定須向美國證交所呈報的數字，公式上是採計過去 30 天的最新數據，一般用來做不同 ETF 之間的比較，較具公平性。可以看到 2022 年 9 月的時間點，長債的配息率不比中短期債券高多少，但是卻要承受相當大的升息利率風險。

如果光看原幣別報酬率，會以為 2022 年至 9 月中為止，台灣發行的美債 ETF 虧損大幅少於美股上市的產品，但其實那是因為兩類產品的幣值不同。2022 年至 9 月中為止，美元大幅升值，如果在年初先換好便宜的美元來投資美股的產品，呈現出來的新台幣報酬率也會不相同，台灣的美債 ETF 報酬率在這段期間也是這樣反映到匯率上的利潤。如果未來美元兌新台幣貶值，看到的台灣發行美債 ETF 報酬率就會比較差。不過如果是長期投資，分散在不同的時間點買入，應該可以相當程度分散匯率的風險。

類別2》投資等級公司債ETF，可適度增加收益

投資等級公司債主要是體質良好、信用評等較高的大型金融機構與企業所發行的債券，像是蘋果公司的公司債。

投資等級公司債的利息不如「非」投資等級公司債，那

是因為信用評等比較高，不容易倒帳的公司，就是可以用比較低的利率來借款。

　　台灣的金融機構經常主動銷售給民眾的是單一公司債像是蘋果、微軟等發行的公司債，借錢給上述債信良好的優質企業雖然是不需要太擔心，也因此具備持有到期就保本的好處，但是單一公司債不是定存，一樣要承擔利率風險，而且一般投資人資金有限，不容易做到債券的分散投資。

　　一般退休規畫上，股債配置的債券部位比較建議以風險較低的中短期公債為主，會配置投資等級公司債的原因是出於想要在低利率時代增加點收益。另外，它並不像公債那樣在股災的時候可以有資金避險的效果，因此必須注意配置的比例。以一般投資人來説，如果要配置投資等級債，ETF 的形式還是比較能夠充分的分散風險，又可以便於控制投資的比例來執行資產配置。

　　具代表性的投資等級公司債 ETF 如下：

美國基金公司發行
• **LQD**：iShares 投資等級公司債 ETF（iShares iBoxx $ Invmt Grade Corp Bd ETF）。

台灣基金公司發行

• **元大 AAA 至 A 公司債（00751B）**：元大 20 年期以上 AAA 至 A 級美元公司債券 ETF 基金。

可以從表 2 中看到，投資等級債 ETF 在 2022 年至 9 月中的升息期間，跌幅也很接近股市表現（同期間投資美國整體股市的 VTI 含息跌幅約 18.07%），因此作為退休規畫的工具時仍必須小心，特別是要注意存續期間大於 10 年以上的產品。另外，和前面段落提到的公債 ETF 相同，如果看表 2，會以為台灣發行的投資等級債 ETF 虧損少於美股上市的產品，但其實那是因為兩類產品的幣值不同。

類別3》總體債券ETF，結合2種債別

總體債券 ETF 結合了前面說安全的公債，以及提供高品質收益的投資等級公司債，我自己有在追蹤、較具代表性的有 2 檔，皆為美國的先鋒基金公司所發行：

• **BND**：先鋒總體債券市場 ETF（Vanguard Total Bond Market ETF）。
• **BNDW**：先鋒全世界債券 ETF（Vanguard Total World Bond ETF）。

表2 2022年至9月中,美投資等級債ETF跌幅>15%

投資等級公司債代表性ETF	證券代號	總淨資產	
iShares iBoxx $ Invmt Grade Corp Bd ETF	LQD	338億美元	
元大AAA至A公司債	00751B	新台幣559億元	

註:
1. 總淨資產、美股之美債 ETF 費用率、總報酬率資料日期為 2022.09.15;
2. 台灣上市櫃美債 ETF 費用率為 2021 年實際費用率;
3. 配息率(美國 SEC 標準)為美國發行之 ETF 數據,台灣發行之 ETF 則無

　　其中,BND 是投資於美國市場公債和投資等級公司債,BNDW 則包含以美國為主的全球市場。從表 3 中可以看到,在 2022 年至 9 月中這段升息期間,BND 和 BNDW 的跌幅和表 1 中存續期間近似的中期公債差不多。

　　根據 2022 年 7 月 23 日美國 MarketWatch 網站一篇題為〈這檔債券 ETF 有潛力成為固定收益 ETF 之王(This bond ETF has the potential to become the king of fixed income ETFs. Here's why.)〉的報導指出,BND 總資產即將超越當時和它幾乎是只有費用率不同的競品 iShares 美

—主要美國投資等級債ETF比較

配息率 （美國SEC標 準，%）	12個月配息率 （%）	費用率 （%）	存續期間 （年）	2022年至09.15 含息原幣別總報 酬率（%）
4.89	2.83	0.14	8.58	-17.47
N/A	4.08	0.26	15.52	-15.21

資料來源：
1. 總淨資產、美股之美債 ETF 費用率、總報酬率取自美國晨星網站（請注意以上為原幣別報酬，故不同幣別的產品報酬率不能直接互相比較）；
2. 台灣上市櫃美債 ETF 費用率取自中華民國證券投資信託暨顧問商業同業公會官網；
3. 存續期間取自各基金公司官網

國核心綜合債券 ETF（iShares Core US Aggregate Bond ETF，AGG），有望奪得固定收益 ETF 的寶座。

　　而截至本書寫作的 2022 年 9 月 15 日，BND 的總資產為 819 億美元，已略高於 AGG 的 811 億美元。無論誰奪得寶座，這兩檔債券 ETF 的規模都超越前面提到的公債和投資等級債 ETF，是最廣泛被採用的債券 ETF 類型，它們所追蹤的債券指數也常作為呈現美國債市表現的指標。

　　也許你看到這裡會納悶，遇上升息的時候這些債券就都

表3 2022年至9月中，總體債券ETF報酬率約在12%

年期	美國政府公債代表性ETF	證券代號	總淨資產	
全球債	Vanguard Total World Bond ETF	BNDW	5億美元	
美國綜合債券	Vanguard Total Bond Market ETF	BND	819億美元	

註：總資產、美股之美債 ETF 費用率、總報酬率資料日期為 2022.09.15

賠錢，只是賠多賠少，那為什麼還要投資債券？

　　景氣總是有循環，10 年期政府公債殖利率是大家一定會觀察的指標利率之一，在圖 1 中可以看到利率總是升升降降。寫這本書的 2022 年正好躬逢其盛，美國政府為了壓抑超過 8% 以上的超級通貨膨脹而開始升息，利率從 2020 年初不到 1% 的谷底中強勁反彈。但是升息對於經濟產生的壓抑效果如果發酵過度，經濟可能再次陷入衰退，美國政府可能會再次以降息來因應，到時候債券價格就又會上升了。

　　利率是由政府根據經濟狀況來決定，而經濟情勢瞬息萬

——主要總體債券ETF比較

配息率 （美國SEC 標準，%）	12個月配息率 （%）	費用率 （%）	存續期間 （年）	2022年至09.15 含息原幣別總報酬率 （%）
2.82	2.85	0.06	7.20	-11.6
3.67	2.23	0.04	6.70	-12.2

資料來源：
1. 總資產、美股之美債 ETF 費用率、總報酬率取自美國晨星網站；
2. 存續期間取自先鋒（Vanguard）公司官網

變，像是 2020 年初的時候，誰知道 COVID-19 疫情會跨越這麼多年，對於股市和利率都產生了這些連串的影響？下一次的事件是什麼？沒有人知道。

　　如果和我一樣不猜測市場，打算採用定期定額投資，投入直到達成占總資產 20% 的目標。從 2022 年 2 月起扣款到 9 月 15 日為止，以美元計小幅虧損 5.5%；如果以新台幣計價，則虧損 1.2%。如果繼續升息，債券繼續跌價，那我仍可以扣到低價的股數。這也是我建議在中年之後，特別是對新的投資，最好能用定期定額的方式慢慢來的原因；定期定額是一種降低風險的投資方式，對於債券投資也適用。

如果你真的還是跟巴菲特（Warren Buffett）一樣對於債券不埋單，或是這裡分享的債券知識還是看不懂，那可以考慮跟我一樣降低債券的占比，一部分用定存取代。

畢竟沒有很深的信念和了解，如果勉強購入之後也很容易信心動搖。巴菲特曾說，「現金像是氧氣。（Cash is like oxygen）」他用的是流動性很高的短天期美國國庫券。

根據美國晨星的 2022 年分散投資展望（Morningstar's Diversification Landscape）中也有提到，在升息期間安全的債券也承受壓力之下，現金也是可以考慮的資產。總之，在評估債券時，要特別注意：

① **以美國公債為主，搭配少量的投資等級債**：對於沒有要投入大量資金的小資族來說，BND 或是 BNDW 這樣的總體債券 ETF，是有效率的選擇。

② **對費用率要錙銖必較**：因為債券不是高報酬的商品，費用率高就只是吃掉原本就不多的收益。

③ **投資前務必去發行機構的官網查詢存續期間**：退休規畫要避免存續期間長、波動度較大的債券類別。

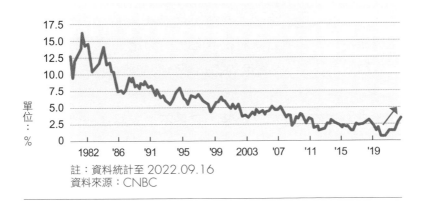

圖1 **2022年美國10年期公債殖利率強勁反彈**
——美國10年期政府公債殖利率走勢圖

註：資料統計至 2022.09.16
資料來源：CNBC

④ **留意債券 ETF 的規模：** 因為一般人對於債券較不熟悉，避免規模太小，以及剛發行的產品，以免因為不了解而踩地雷。

退休族避免持有3種債券ETF

除了上述提到的債券型 ETF，你還可能接到金融機構推薦其他五花八門的產品，建議不了解的東西盡量避免，讓退休準備單純一點，也避免在這些比較次級的債券上受不必要的傷，以下 3 種最好別碰：

157

1.市政債

市政債指的是美國地方各州政府發行的債券,用來推動各項地方建設。借錢給政府機關單位、學校等,聽起來風險不大;但其實像是 2008 年金融海嘯期間,市政債受創也很嚴重,因為地方政府稅收短少,申請失業和醫療給付的人數則是暴增,連富庶的加州都有問題。

當然,任何投資都有風險,只是不能誤將這些債券投資認為是無風險、安全的投資。特別是配息較高的市政債,通常就表示該地方政府財務評等比較低。

2.非投資等級債

「非投資等級債」,也就是金管會還沒有要求改名前的「高收益債」。這類指未經過國際信用評等,或是信用評等未達 BBB- 等級的國家或企業發行的債券,因為信評較不理想,因此提供投資人較高利息來發債,但是違約風險也相對投資等級債高,它又有個不太好聽的名字——垃圾債。

這一類債券因為風險比較高,所以配息也比較高,應該是最受台灣人歡迎的一種債券。台灣很多人都有投資高收益債的基金,像是聯博全球非投資等級債基金。台灣人青睞這些高收益債的程度,搞得金管會也常要跳出來提醒大

眾，它「並不是」利息比較高的類定存，後來還甚至禁止投資型保單連結這一類的基金。

在 2020 年 COVID-19 股災期間，於當年 3 月 20 日記錄到過去 3 個月的跌幅，美國代表性高收益債 ETF（iShares iBoxx $ High Yield Corporate Bond ETF，HYG）跌幅達 -19.8%，和元大台灣 50（0050）股票型 ETF 的 -21.2% 比起來，高收益債的波動度其實可以說是很接近股票，但長期報酬率卻是遠低於股票。

2022 年 9 月 16 日回測聯博全球非投資等級債基金（AT 級別美元）過去 10 年含息總報酬只有 23.29%，相當於 2.1% 的年複利；比起同期元大台灣 50 含息總報酬率大約 181%，或是元大高股息（0056），總報酬率大約 87%，非投資等級債基金表現可說是遠遠地落後，只能抵銷一點通貨膨脹而已。

巴菲特的老師葛拉漢（Benjamin Graham）說，除非高收益債大打折 30%，否則即便是最積極的投資人也不要碰。而美國一般財經媒體也大概是這樣的意見，如果一定要投資的話，不要超過資產的 15%，並且在資產配置的分類上，要把它當成是股票。

3.新興市場債

指新興市場國家或公司所發行的債券。因為許多新興市場國家利率水準較高,因此能提供比較高的息收;但是要注意,新興國家匯率波動相對大,政經不穩定,信用風險也較高。這一類別和非投資等級債有點類似,就是風險較高,配息通常也比較高。投資前必須知道,這「不是」保守安全的類定存。

以上這 3 種常見的配息較高、但風險也較高的債券,建議避免持有。還有人會問,像是用中華電(2412)這種很牛皮的股票來充當債券部位行不行?我自己的存股中,也有一些牛皮的電信股。不過我認為有兩個原因,還是該把電信股當成股票而非債券:

① 中華電的配息並不是固定,如果有天它不配息了,股東也不能強迫公司一定得配息。

② 雖然平時股價牛皮,可是在 2008 年金融海嘯時也曾經股價腰斬,那時候美國公債和股市則是呈現反向關係的。

在了解股票和債券之後,接下來我們就要來看怎樣把股票和債券組合起來,成為一個安全的投資組合。

(2-9) 用股＋債做資產配置 有助控制風險與實現獲利

　　美國的經典理財書，包括巴菲特（Warren Buffett）的老師葛拉漢（Benjamin Graham）的《智慧型股票投資人》書中都有提到，資產配置是投資理財很關鍵的事。一般退休後的配置是建議「股六債四」，當然你可以根據自己的年紀和對風險的承受度調整；像是巴菲特資產很龐大，他可以豪氣地交代以後給他老婆的遺產要「股九債一」，而《智慧型股票投資人》書中則是建議保守的投資人用「股五債五」。

　　如果你還在上班的階段，仍有新的收入，那麼還能夠再新增的收入也可以看成是安全的新資產，在這個階段，也許你不太會感覺做這樣的資金配置有什麼好處。像是2020年新冠肺炎（COVID-19）股災之後，各國政府撒錢救經濟，股市一路向上，許多年輕人不但 all in，而且還會借錢來投資；可是當市場開始不那麼歡樂，2022年6月份股市自高點跌超過20%，進入了熊市，就會知道巴菲特那句名言的意思，「當潮水退了，才知道誰在裸泳。

（Only when the tide goes out do you discover who's been swimming naked.）」

雖然股市長期向上，即便將資金全部投入股市然後經歷了股災，只要時間夠長也會有回來的一天，但前提是你投資的是市場指數；另外，你必須能撐過像是 2-7 提到過的 2000 年科技泡沫之後的 6、7 年。

每一次的股災都是很好的提醒與教訓，如果在一次受傷之後能夠調整好腳步，那就讓那次的學費繳得值得了。

進入中年之後，隨著接近退休的年齡，或是進入退休階段，理財要像打太極拳那樣比氣長，這時候資產配置就變得非常關鍵與重要。

退休前你不會希望遇到股災，然後因為 all in 股市資產腰斬，而影響你的退休計畫。而如果退休後前幾年遇到股災，那更是考驗心臟強度。

在股市好的時候，大家都想 all in，而股災來的時候則是都想 all out，但是這樣可能會買在高點，然後撐不住的時候又會賣在低點。

抓比例》3做法決定股債配置占比

　　一個適合的配置比例是要讓你不管在股市的盛暑或寒冬，都能氣定神閒地度過。以下提供 3 個關於資產配置比例的做法供大家參考：

做法1》最常見的股六債四配置

　　2019 年 2 月一篇 MarketWatch 的專欄文章中，引述了一位西班牙納瓦拉大學（University of Navarra）商學院教授 Javier Estrada 的論文成果。

　　這位教授使用包括美國的 21 個國家，橫跨 1900 年到 2014 年共 115 年的資料，並採用 4% 法則的退休金提領率，第 1 年為 4%，第 2 年之後則隨通貨膨脹提高生活水準（在 3-4 會說明）。

　　他搭配了各種不同資產配置比例，在這 115 年的資料中，擷取所有可能的任一段 30 年的區間內（因為像是美國人平均約 62 歲退休，所以必須考慮退休後有 30 年的退休生活），他發現以下的結果：

　　• **常見的股六債四配置**：6 成放在股票，另外 4 成放在

小於 1 年的高流動性的短天期國庫券（T-bills）下的組合完勝，失敗率是零。也就是說，如果有 1,000 萬元的退休金，那就是一直保持股 600 萬元、債 400 萬元，只要每年買低賣高再平衡一次，這樣 4% 法則算出來的退休金確定可以撐 30 年，不用怕花光。

• **100% 放在股票**：和股四債六保守組合的失敗率一樣是 3.5%。看起來，100% 放在股票，雖然說可能遇到難熬的熊市，可是長期來說市場總是會恢復，所以並沒有想像中那樣高的風險；因為配置太多安全的債券，也可能使得加總起來報酬率太低，撐不住通貨膨脹下需要的生活消費。當然，3.5% 的失敗率雖然看起來不是太高，但是一旦發生就會 game over，還是要盡可能避免。

要特別強調的是，這裡的股票是指 2-2 提到的追蹤大盤的指數型 ETF，這樣報酬率才會等同於股市的長期報酬；如果是自己選擇個股，因為會有選股誤差，就不在這個研究的範圍！

而這個研究裡面的債，是像巴菲特也會用的短天期美國國庫券，其實比較接近定存。以 2022 年 9 月 15 日短天期美國國庫券的利率為例，隨著升息，26 週和 52 週期也

來到大約是 3.8% 上下，可惜台灣定存利率實在是太低，2022 年雖然也跟進美國升息，同一時間台灣銀行 1 年定期儲蓄存款利率固定利率只有 1.225%。

以我自己來說，我的債券部位就是包含債券和定存的比例組合。

做法2》以年齡決定

除了前面的研究提出股六債四是最佳黃金退休資產配置比例之外，一般最常用的是用「年齡」來決定適合的配置比例。

常見的有用 110 或 100 減去年齡，得出應該配置在股票部位的比率。例如，有一位退休閒人年齡是 60 歲，那麼他應該配置在股票的比率就是 50%（= 110 − 60），也就是 50% 放在股票，而剩下的 50% 放在債券和定存等比較安全的投資。

我把各年齡應用 110 法則計算股債配置比例如表 1。

如果比較保守，也可以用 100 來減年齡之後，得出股票的配置比例。

就算你才 30、40 歲，留意配置一部分在現金或債券的比例，還是可以讓你在股災來的時候有空間可以買低賣高。

我自己退休 4 年後 53 歲時調整到股票 50%，債券和現金 50%，雖然用 110 或 100 法則的話，這樣也差不多了；不過因為還有幾張保單，加上我的退休金不是剛好以 4% 法則算出的金額，而且到 60 歲就可以領勞保和勞退，還算安全，所以我之後打算調整到股六債四。

做法3》以風險承受度決定

股票的大幅波動很容易讓人心裡七上八下又愛又恨，也有人主張可以用晚上能不能睡著覺的程度，來決定要配置多少股票比例。

葛拉漢在他的《智慧型股票投資人》一書中，則建議防禦型投資人採用 5：5 的股債配置比例。

2022 年的熊市來之前，首次提出 4% 法則的威廉·班根（William Bengen）先生這時是 75 歲，他警告市場即將不安寧，並且把自己的組合調整為股 20%、債券 10%，並保留高達 70% 在現金。這就是一種因應自己心理面可以承受風險的程度而去調整的資產配置。

表1 若60歲退休，股債配置可以各半

——以110減年齡決定股債配置對照表

年齡（歲）	股票比率（％）	債券比率（％）
30	80	20
40	70	30
50	60	40
60	50	50
70	40	60
80	30	70

再平衡》固定時間重新檢視，執行買低賣高

資產配置執行上有一個關鍵，就是每年要固定一個時間檢查預設的比例有沒有跑掉，也就是強制執行「買低」、「賣高」，有機會落袋為安。以股六債四為例：

● **買低**：如果股票資產的價格下跌，變成只占 50% 的話，這時就賣掉一點債券資產，或是用現金部位逢低買進一些股票。

● **賣高**：如果股票資產價格上漲，占比變成 70%，這時就將 10% 股票資產趁高點賣掉，去補進債券或現金。

　　其實，上述做法就是許多人應該也知道的「再平衡（rebalance）」。再平衡的用意是要控制投資風險，且它也就是一種強制執行「買低賣高」的做法，讓你定期可以實現一些獲利，取得退休現金流。

再平衡頻率1年1次就足夠

　　如果要自己看技術線型來決定要不要賣，會猶豫很久下不了手；可是資產配置「再平衡」是一種不猜時間點，固定時間去強迫執行的方式。至於每年要做幾次的配置比例調整呢？有人說每月、每季、每年，也有人說每18個月再執行一次就好了。根據前面那個西班牙教授的研究是假設每年年初做1次，如果你是和我努力程度差不多的一般投資人，這樣也就夠了。

　　我自己是選擇每年的3、4月之間進行。至於更小心的每月或是每季1次，我是覺得也不要因為投資而把自己的生活弄到很複雜。也有可能你一執行之後市場又反轉了，所以我覺得1年是合適的頻率，也可以趁這個機會好好盤點財務狀況。

　　也有人會採用固定比率的方式，例如目標是配置60%在股票資產，當偏離5%時就進行再平衡，也就是在水位變

為 55% 或 65% 時執行。不過這個方式是要一直注意資產的水位，而且等到時間點到了，表示市場有比較大的變動，那時候你可能又會想說要不要再等一等，所以我個人沒有採取這種方式。

下面就來分享我退休之後進行的年度再平衡實例，希望你可以看出再平衡的好處。

2018 年及 2019 年，因為我還在陸續投入股債市當中，也還在處理掉我的基金，資產配置還沒有成形，所以並沒有進行再平衡。真正開始執行再平衡是從 2020 年開始，截至本書截稿一共執行過 3 次：

實例》第1次執行再平衡

- 時間：2020 年 3 月。
- 市況：正逢 COVID-19 股災，股市大跌。
- 做法：

① **賣掉漲高的美債 ETF**：那時我的元大美債 20 年（00679B）平均買價是 37 元多，COVID-19 股災時 00679B 大漲到 50 元以上。我把幾張賣掉，賣在約 50 元，不含已領配息，報酬率將近 35%。賣掉債券之後，我同時也在股災中買了幾張 70 幾元的元大台灣 50（0050）

ETF。這樣一買一賣就完成了我的年度再平衡。

②賣掉不想再持有的個股，改買跌價的 0050：如果有個股投資，那麼股災的時候也是調整持股的時機。我趁著這次再平衡，賣掉幾檔風險比較高，已經有虧損的小股票，將資金轉進投資台灣前 50 大公司的 ETF——0050 以及富邦台 50（006208）；也是從那個時候開始，我給自己訂下一個規則，盡量不投資台灣前 50 大公司之外的個股。

實例》第2次執行再平衡

- 時間：2021 年 3 月。
- 市況：股市高漲。
- 做法：

①逢高賣掉漲高的 0050：2020 年我在股災時買的那幾張 70 幾元的 0050，2021 年 3 月已漲到 130 幾元。

②買入下跌的美債 ETF：同時買入跌價的美債 ETF，那時候元大美債 20 年已經從 50 元跌價到 39 元多。雖然後來因為升息而又繼續跌價，不過經過這樣的再平衡操作，其實也已經實現了一些獲利，實際並沒有虧損。後來升息之後，看到長期美債跌價的力道有如股票，有鑑於利率風險，我並不推薦退休規畫中運用波動度大的長債。只是因

為我自己定存部位比較高，算是保守，所以還有保留一些長債的部位。

實例》第3次執行再平衡

- 時間：2022 年 4 月。
- 市況：通貨膨脹，以及美國升息而股債齊跌。
- 做法：

① **賣掉部分個股**：其實那時候股債的比例並沒有什麼異動，也可以不必執行再平衡，不過思考過後，我還是賣掉逆勢漲高的個股像是遠傳（4904），以及不想長期持有的寶成（9904）。

② **持續股債定期定額**：2021 年底開始的指數型的股債定期定額，包括先鋒全世界股票 ETF（Vanguard Total World Stock ETF，VT）和先鋒總體債券市場 ETF（Vanguard Total Bond Market ETF，BND）就繼續進行，定期定額也可以看成是持續進行的再平衡。

優點

以下是我這幾年執行再平衡的心得：

- **買低賣高，讓投資的路更長遠**：雖然說，不管是指數化

投資或存股都是講求長期投資，不過如果因為股市上漲或下跌，導致持有的股票部位超過你的風險胃納度，萬一遇上股災，甚至可能讓你吃不下飯、睡不著覺。而若是股市持續驚漲，那每年一次稍微控制股票部位的比例，讓部分獲利落袋為安也是不錯。透過再平衡，可以讓你的長期投資的路走得更安穩。而除了安心，也是幫助你執行投資上很重要的「買低賣高」動作。

• **指數化投資的再平衡，可解決「選擇困難症」**：若採用「股息投資法」而非指數化投資法，可能會同時持有多檔個股，要執行再平衡的時候，會面臨不知道要賣哪一檔股票的問題；但是指數化投資的標的十分單純，執行再平衡時就容易許多。

• **從再平衡中取得當年度現金流**：很多退休的人會很擔心現金流哪裡來，所以就容易像我一樣依賴股息投資法，或甚至因此選用高配息但總報酬很差的非投資等級債。因為指數化投資法雖然總報酬高，但是一般來說配息比較低，不少人會因為配息不夠支應需要的現金流，對於要「賣股來過生活」而產生心理障礙，實際上是可以這麼做：

① 每年再平衡的時候買低賣高，就可以保留一些獲利作

為生活費。當然，若某一年股債雙跌時，會比較難做再平衡。不過即便是這個資產配置方式，一般還是會建議保留相當的現金度過市場震盪。

② 若是採用 3 桶金退休金理財法（詳見下頁），本來就會保留第 1 桶金作為幾年的生活費，所以不會有急需賣股生活的問題，更何況指數化投資中，股債也還有配息。

累積資產期間的做法

曾有朋友問我，若還在累積資產，並沒有達到資產配置目標時，那再平衡該怎麼做？我自己就曾經是這樣的狀態。

2021 年 3 月的時候，我的股票資產部位是 35%，債＋定存等安全部位是 65%，根本沒有達到股六債四，其實也沒有再平衡的空間，這個時候有 2 種做法：

① 一步到位，把過多的定存一次投入股票，達成股六債四配置。

② 不過，因為我自己是習慣用慢慢投入的方式投資，而那時台灣股市大約在 1 萬 6,000 點，所以我反而是賣掉幾張報酬率高達 80% 的 0050 和 006208，並將資金轉到

債券。因此，2021 年除了股利收入之外，其實還有 23%
的投資收入是來自於再平衡。在那之後，股票部分就是選
擇慢慢投入本益比較低的龍頭股，到 2022 年股票資產比
率終於占了 50%。

延伸學習》美國「3桶金退休金理財法」

在股債齊跌的時候，退休族應該多少會擔心現金流的問
題，在美國有一種很常見的「3 桶金退休金理財法（The
Three-Bucket Strategy）」也可以參考（詳見圖 1）。例如
有一名閒人先生擁有 1,000 萬元的退休金，退休後扣除勞
保給付之後，每年還需要大約新台幣 40 萬元的生活費，
那麼他可以這樣分配他的退休金：

現金桶

第 1 桶金是現金桶。這邊要把相當於 1 年～ 5 年生活費，
例如 40 萬～ 200 萬元之間，依照個人的風險偏好程度不
等，放在現金和定存。雖然這個帳戶可以提供的利息非常
低，可是這是為了萬一有急需的時候，若恰巧又遇到不景
氣，不需便宜賣掉投資部位，也能立刻拿出現金應急。

至於為什麼是 1 年～ 5 年？ 3 年是比較差的熊市會持續

圖1 用3桶金退休金理財法，也應執行再平衡
──3桶金退休金理財法示意圖

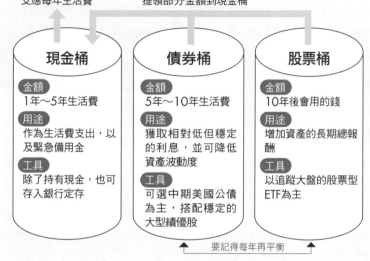

支應每年生活費　　　　　提領部分金額到現金桶

現金桶

金額
1年～5年生活費

用途
作為生活費支出，以及緊急備用金

工具
除了持有現金，也可存入銀行定存

債券桶

金額
5年～10年生活費

用途
獲取相對低但穩定的利息，並可降低資產波動度

工具
可選中期美國公債為主，搭配穩定的大型績優股

股票桶

金額
10年後會用的錢

用途
增加資產的長期總報酬

工具
以追蹤大盤的股票型ETF為主

要記得每年再平衡

的期間，如果想要更安心一點可以放到 5 年，也有人主張在升息的期間可以放大到 10 年的生活費。

債券桶

第 2 桶金是相對股票安全的債券桶。這邊要把相當於 5 年～ 10 年的生活費，也就是大約 200 萬～ 400 萬元的金額，投入到以美國政府公債為主的債券資產（如果想買

「非投資等級債」，就不能歸在這一類）。

殳利率要看當時市場狀況，低的時候可能只有 1%。截至 2022 年 9 月，經過一段升息後，短、中、長期公債，或是投資等級債 ETF 都可以有 3% 以上的配息；雖然還是不高，但選擇優質債券，你可以不必擔心被倒帳。也有人主張可以在這一桶金裡面，加入比較牛皮的績優股以提高現金流。

股票桶

第 3 桶金就是扣掉前面 2 桶金之後，10 年以上要用的錢，可以比較放心放在追求成長的股票桶；你可以用指數化投資或股息投資法。退休後，每年的生活費就優先從現金桶中提出。每年再固定一個時間，由債券桶和股票桶賣掉一些部位，放到第 1 個水桶，補回生活費支出的水位。

要注意的是，根據前面提過的那位西班牙教授的論文，用這種水桶策略讓退休金撐到 30 年的失敗率是 4% ～ 5%。這是因為一般使用水桶策略的人並沒有執行再平衡，也就是沒有 1 年 1 次買低賣高，而只是單向從其他 2 桶金中提取，以便維持生活費水桶的水位。還是要記得，雖然有的年度會股債雙跌，但是長期來說，股債之間「雙向」買低賣高是資產成長的一大關鍵。

3

按部就班
達成財務自由5步驟

步驟1》用記帳練習控管開支 降低對退休的不安感

還是要強調，我並不是要鼓勵提早退休，但是強烈建議要為中年職場危機做準備，除非你的薪水超級高，或是家有恆產庇佑你，不然從現在開始，有紀律地為退休做好財務規畫，是非常必要的事。

想提早退休的人，財務自由自然是基本條件。我退休後歸納出來，要達到財務自由需要做的有 5 步驟，當中有些我退休前就開始做了，但也有退休後才感覺飲恨的部分：

①用記帳練習控管開支，降低對退休的不安感。
②預估退休費用，實現理想生活樣貌。
③定期統計退休準備，盤點財務現況。
④計算財務自由的數字。
⑤確立儲蓄率＋投資方式　確實執行退休金準備計畫。

這篇文章先談記帳。相信大家都聽過「開源節流」，雖然老套，但做好這 2 件事，對於把錢存下來真的很有效。

開源談的是增加收入，例如獲得工作、投資收入來為荷包注入活水。節流則是控制費用來降低荷包縮水的速度，尤其退休之後缺少了工作收入，節流的重要性更不能輕忽。

不要小看記帳，以為它是小眼睛小鼻子的人做的事，其實不少薪水並不低的中年人，等到某天驚覺自己沒存到什麼錢的時候，卻也想不起來錢到底是花到哪裡去了。

我看了好幾個國外已經達到財務自由的退休部落格，好幾位版主都有公布他們的每月開支細節，即便達成財務自由以後，都還是有意識地控制消費。

台灣太小了，很容易遇到認識的人，所以我沒有在部落格分享我每個月花費了多少錢的細節。不過，雖然我常自嘲我退休之前理財成績不怎麼樣，我還是有幾個做得還可以的地方，其中之一就是退休前幾年我養成了記帳的習慣。

還在上班的時候，我常伸手一揮就坐上小黃，看到朋友去做臉，我也加入貴婦的行列。

開始記帳之後，發現開銷還真不少，多少會開始克制一點。像是退休前 5 年開始想要上一對一日文課的時候，我

就把做臉這個習慣停下來，把做臉的錢拿來學習一門語言，是我評估過更好的用錢方式。而且，後來我發現比我大 10 幾歲的日文老師不用任何保養品，看起來人也很精神，就覺得我在花冤枉錢，這就是記帳的功效。

因為有了想要控制的預算，比較會思考這個錢該不該花，重新思考錢的用途，對於估算退休金也很重要。

至於記帳的時候要如何將費用分類，我的分類是像這樣：

• **第 1 類**：家庭共同費用，這個類別下再依照食、衣、住、行、育、樂、稅金等來分類。更仔細的部分可以參考下一段落 3-2 會說明的，主計總處「國人平均每人月消費調查」問卷的分類。

• **第 2 類到第 N 類**：這是個人費用。像是我的個人費用、兒子的個人費用；而我先生的費用是他自己管，因為我們除了家用之外是財務各自獨立，他個人的部分我就不記。我有一位朋友的先生，也跟我家先生一樣不願意記帳或是被記帳，她是幫先生假設一個額度，每月就用估計值。如果有孩子，可以把每個孩子的費用設立子分類，這樣可以知道每個人花了多少錢。

第 1 次設立分類時需要花些時間想一下，之後每天用幾分鐘的零碎時間記錄一下就可以了。

3方法養成持久的記帳習慣

我幾次去執行講座的時候，請大家舉手做個小調查，常常發現一半以上的朋友沒有記帳的習慣。我來分享如何記帳比較能夠持久：

方法1》隨手、立即記在App上

古早的記帳是寫在紙本的收支本，後來我是開一個 Excel 表方便自動加總統計；在這種還是需要很多手動的階段，我也沒有養成習慣，常常記了幾天就放棄。我覺得容易放棄的原因是不即時，還有手動步驟很費事，工作一天累了，就不想動手去想這件傷腦筋的小事。

但是自從手機 App 開始發達之後，記帳變得很簡單，例如我到超市買東西，出了超市就可以把金額馬上輸入手機裡，記帳變成隨身幾秒鐘就可以完成的小習慣。

我曾經在我的「嫻人的中年人咖啡館」臉書社團中討論大家怎樣記帳，有人問我有沒有推薦的 App，我分享了我

在用的，結果又有其他朋友分享了好幾種各自的愛用品。我想只要你有開始這麼做，哪一種 App 不那麼重要，你就去手機上看一下排名前幾名，最多人用的，應該不會太錯；或是下載幾種來試著記看看，用個 1、2 天也就知道哪一款比較順手。動手開始養成這個習慣吧！

方法2》善用自動化記帳的方式

• 設定自動週期記帳

我會把固定發生的水電費、上日文課等費用在記帳 App 中設定好自動週期記帳，每星期或每個月這個自動記帳提醒跳出來的時候，再按照實際發生的金額改一下就可以了。

• 連結電子發票手機條碼

很多 App 現在也連結電子發票的手機條碼，綁定後，有電子發票的消費就會自動幫你帶入 App 中，不過我是沒有使用這個其實很便利的功能，因為擔心消費明細被 App 一覽無遺。雖然現在可說是沒有隱私的電子化時代，財政部透過手機條碼已經知道你幾乎所有的消費項目，不過我想能少一個破口就少一個，也許是我跟不上時代的鴕鳥心態。

• 搭配每月下載一次信用卡消費紀錄

如果你有些消費是透過信用卡，那麼就可以每個月 1 次

去網路銀行上下載前 1 個月的消費紀錄；但如果你想把所有消費都即時記錄在 App 上的話，這個就比較沒幫助，像我自己是因為想要減少一筆一筆記錄的次數，就會搭配使用信用卡帳單下載的功能。

只要是帳單上明顯可以看出是哪一種消費的，且不是太大額的消費，不必馬上即時記帳警示自己的，我就是 1 個月才用信用卡帳單記 1 次。像是叫外賣平台的消費會顯示 Uber Eats 或是 Foodpanda，水電瓦斯等費用我也都透過信用卡付款，這些每個月消費差異不大。但如果像是超市的消費，就無法從信用卡帳單判別是買了什麼東西，這些就還是一發生得自己手動記帳。

方法3》精美的報表讓你愛上記帳

做什麼事情都需要一點成就感，成就感讓你可以更有動力往前走。現在的 App 都提供了精美的月、年報表，可以讓你比較各類消費和上個月、去年比起來是增加還是減少。

當看到自己每天一筆一筆的記帳變成精美的報表時，你就可能會比較愛記帳。

有些人還會進一步把 App 上面記的帳，每月 1 次登錄到

Excel 表上，然後按照自己想要的方式再去加總統計，或是與前後期比較。我也有這麼做，雖然也許有點老派，不過因為我還會把理財收入、部落格小工作的收入也登錄上來，這樣可以看到每個月、每一年的收支狀況。

記帳的目的是要了解自己的消費習慣，看有沒有哪些部分浪費了，也能更精確掌握未來退休後可能的消費水平。能夠掌控自己的消費，一定可以降低對退休的不安感。

有人說即便記帳了，還是會繼續花好像可以省下的錢，我覺得這就是人生哪！像是我剛開始退休的時候緊張兮兮，但後來又會開始搭小黃；人很難隨時保持警戒，一收一緊之間，注意控制整體的消費，如果這邊花了錢，就要在別的項目稍微留意，整體不要大暴走也就行了。

透過記帳發現，退休後消費僅退休前60％

對我來說，退休初期的記帳反而有提醒自己不用太節省的效果，可以按照 3-4 會介紹的 4％ 或是 3％ 法則之下計算的比率去消費，也不要過於保守謹慎。

我剛退休的時候對自己的存款水位很沒有安全感，因為

退休前就養成記帳的習慣，當我一比較，知道退休後消費大約是退休前的 60% 時，內心安定許多。根據 2020 年 J.P. Morgan Private Bank 的一項調查顯示（3-2 會提供詳細數字），退休族中只有 14% 說他們退休後花費比較省，原來我就是那少數派。

透過記帳，和接下來的幾個步驟，你可以更清楚知道自己能夠承擔怎樣的退休後消費和生活型態，真是一個值得養成的好習慣！

除了以上仔細的記帳之外，我也看過有本美國人寫的退休規畫書；那位作者是將 1 年份的費用放在一個帳戶，雖然他沒有仔細記帳，但就是每個月觀察帳戶餘額不要花超過進度。不過這就是純粹對於控制消費有功效，但無法讓你知道到底哪裡多花了。

步驟2》4角度預估退休費用 實現理想生活樣貌

(3-2)

　　準備好多少退休金才能宣告自己財務自由？2,000萬元？5,000萬元？大家可以思考一下自己想要的退休生活樣貌，並估算你退休後到底需要多少生活費，再來推估自己需要準備多少退休金。

　　所謂財務自由後的退休生活，應該不是只要能活著呼吸到空氣就好，每個人都有理想中的生活水準。當然盡量節省也能過日子，但是你應該也不會想要過著萬一太太跑去美容院一趟就感到心痛的生活。你理想中的「退休生活風」是什麼樣子呢？例如：

• 想悠遊自在就好，沒有一定要去哪，或一定要做什麼。

• 旅行是許多退休族的夢想，你想要頻繁的旅行？不少上班很難請假的人，退休後會搖身一變成為旅遊業的潛力股。而因為退休前比較沒有機會消費，口袋也較飽滿，加上如果是公教有公保，或勞保年資夠長，那麼退休之後，旅遊

的欲望很可能會大爆發。

• 你想要再有第三人生，展開志工生活？退而不休，打打工做個元氣退休族？甚至是創業？

• 健身是退休後的重點，你想要盡可能留住青春？也許你會想要上上瑜伽、重訓，或是 TRX 懸吊訓練。社區大學的課程是否可以符合你的需求？或是你想要上一對一量身訂做的課程？

• 長輩的照顧會不會成為你某段退休歲月的重心？會不會現在還不需要，但進入退休後幾年，需要資助長輩的看護費用等等？

• 另外，像是退休後你有沒有想要搬家，或是把家重新裝潢成夢想退休宅，像是鄉村風的小窩？

對我來說，我鐵定要為終身學習保留一些費用。像是我的日文課，2022 年我就每週至少 2 ～ 3 天約一位日本人的線上老師或朋友聊天，我想把口說練好；還有我的古蹟課和參觀故宮，雖然每個月的費用不算多，累積起來 1 年也是一筆有感的開銷。

　　要計算退休金需要準備多少，第 1 步是要能夠知道退休後每個月、每年，還有偶爾會出現的一次性支出有哪些。最好的參考資料，就是你現階段的支出狀況，包括你的家庭或是你個人，1 個月要花多少錢？最大的支出是什麼？錢都花到哪裡去了？如果平常有記帳的習慣，這些問題就能馬上有資料可以查詢。

　　用退休前記錄的資料，再參照你想過的退休生活風，就可以估計退休後除了吃喝拉撒睡外，會有哪些可能的花費。

　　而關於退休後費用的估算，常見的有以下 4 種思考角度：

角度1》「所得替代率」真的需要70%？

　　有些人把「所得替代率」弄錯，說成是退休後消費相當於退休前消費的比率。不過，事實上「所得替代率」，是指退休後「平均每月可支配金額」相對於「退休前每月薪資」的比率。

　　美國和加拿大退休金諮詢業常會建議客人用 70% 的「所得替代率」來計算出合理的退休生活費。也就是說，退休前月薪 30 萬元的話，那麼退休後需考慮每個月有 21 萬元

的退休金可以使用；而 10 萬元月收入的家庭，退休後需要 7 萬元才能維持住良好的生活品質。

用所得替代率背後的假設是，退休前薪水高的人，退休後花費也會比較多。這樣的假設一定適用所有人嗎？很多人說，高所得者退休後會「由奢入儉難」。的確，消費規格一旦定格會很難縮小，不過我也看過不少和我一樣能屈能伸的退休族。

更何況，如果以 1-5 中分享的 FIRE 族來說，達成財務自由的關鍵之一就是高儲蓄率，也就是用水準以上的收入加上可能是高達 70% 的儲蓄率，才能在短短年數內就達成一輩子需要的退休金（關於儲蓄率，在 3-6 會再討論到）。這意味著提早退休的人，很可能是已經習慣了退休前將薪資的 30% 作為生活費用的日子。就算退休後休閒娛樂增加，也不一定需要提高到 70% 的水準。

而月入 10 萬元的家庭，也許設定每月 7 萬元的退休生活費是合理的。但是如果上有高堂下有子女，7 萬元應該會相當吃緊。

我自己不偏好「所得替代率」的概念，那好像是說，退

休後要能夠支撐的消費必須達到一定比率才比較理想，如果沒有達到這個比率就活得不夠好。可是比率只是一個數字，每個人想要過的退休生活風格和家庭成員組成狀況都不相同。

這種算法不適合我這種務實派，我的退休生活不需要和某種尺度比較；如果我是 40%，過得就是比所得替代率達到 70% 的人更差的日子嗎？我覺得退休後的消費只要能夠符合自己想要的生活方式，就是 100 分！

不過，所得替代率的概念還是必須了解，因為社會保險的設計背後就有參照這樣的數值。

勞保（勞工保險）的設計是怎樣考慮所得替代率的呢？截至 2022 年，勞保年金的給付是用 1.55% 乘以勞保投保年資來計算，乘出來的數字就是勞保的所得替代率。

因為截至 2022 年勞保最高投保薪資只有設計到 4 萬 5,800 元，所以以下我們使用薪資 4 萬 5,800 元來說明：

• **工作 30 年**：依據 2022 年的公式，退休後所得替代率透過勞保就可以達到 46.5%（＝ 1.55%×30 年），勞

保年金月領金額等於 2 萬 1,297 元（＝ 4 萬 5,800 元 ×
所得替代率 46.5%）。

● **工作 40 年**：而如果能樂在工作，再多工作 10 年
到接近 65 歲退休，那麼所得替代率可以達到 62%（＝
1.55%×40 年），勞保年金月領金額等於 2 萬 8,396 元
（＝ 4 萬 5,800 元 × 所得替代率 62%）。只要再自行準
備 8%，就可以達成 70% 的所得替代率了。

因為截至 2022 年，勞保最高投保薪資只有設計到 4 萬
5,800 元，對於薪資較高者，就算工作 40 年得到 62% 的
「勞保」所得替代率，其實真正的替代率都是非常的低。

● **月薪 10 萬元**：勞保年金可月領 2 萬 8,396 元，真正
的所得替代率為 28.4%。

● **月薪 20 萬元**：勞保年金可月領 2 萬 8,396 元，真正
的所得替代率為 14.2%。

而至於公保（公務人員保險），過去依照年資，最高的
所得替代率可以達到 70% 以上，因為年金改革的因素，從
公保可以得到的所得替代率將逐年下降。

　　總之，我認為 70% 的所得替代率僅是一個參考，每個人的薪資水平和家庭狀況都不相同，這並不是個非要達到不可的數字。

角度2》退休後的消費和退休前有什麼不同？

　　我退休後前 5 年先是長輩生病，後來又遇上疫情，所以在休閒上面的支出，比起退休前幾乎每年 1 次出國自助旅行是省下不少錢。而我退休後孩子上了公立大學，比起退休前還在讀私立高中和補習，也是節省了不少。不過這個狀況也可能隨時間改變，像是如果孩子出國進修，那要不要繼續幫孩子出資呢？

　　至於有人說，退休後有時間就會一直花錢，我覺得那是要看你對於金錢的價值觀和態度。當然退休後休閒娛樂的機會往往會變多，但是也有一些不用花大錢就可以充當退休生活主軸的活動。對我來說，以社區大學等終身學習項目為主軸，搭配偶爾為之的出國旅行，其實就可以有很豐富的退休生活。

　　口袋夠深就可以不設限，想要 1 年有半年在出國的路上也是很棒的退休生活型態。但就是要務實，有多少錢做多

194

少事，大部分的人都是要用有限的預算，去面對未來的老後消費和照顧。

以我的狀況來說，經過退休後的記錄，我發現我的退休後消費是退休前的 60%，也就是退休後我省下了 40%。

那一般大眾的經驗呢？這邊有一個 2020 年 J.P. Morgan Private Bank 的全球 1,500 人調查結果：

• **退休後花費增加的人占壓倒性的多數**：還沒退休的人當中，有 61% 的人說預計退休後會花更多錢，而實際已退休人士也真的有 59% 說他們退休後花了更多錢。

• **退休前後消費差不多的人次多**：還沒退休的人當中，有 22% 的人說預計退休後花費和退休前會差不多，而實際已退休人士有 27% 說他們退休後花費和退休前差不多。

• **退休後比較省的人占比竟然最少**：還沒退休的人當中，有 17% 的人說預計退休後花費可以比較省，而實際已退休人士當中，只有 14% 說退休後花費和我一樣比退休前省。

我在臉書上分享上面的訊息之後，好多位朋友留言說，

他們退休後的消費真的比退休前多，和我的經驗並不相同；大家提到主要的原因是休閒和消費的時間變多了，還有人說以前上班公司有提供伙食，退休後全部靠自己。

　　而在 J.P. Morgan 這份報告中提到退休後消費比較高的原因，有一項是「花費在家人身上」。說到這裡，我想到美國近年有所謂「迴力鏢小孩（boomerang kids）」這個名詞，說的是本來已經離家獨立的成年子女，因為工作不順利，或是在外消費太高，於是又再回巢的情況。

　　我追蹤的一位日本提早退休部落客也有提到這個狀況，他的兒子本來去東京工作，某天突然辭職了說要搬回來住。他看著兒子天熱開整天冷氣，洗澡瓦斯開很久，覺得心痛但不敢跟兒子說，甚至也說到兒子怎麼成年了食量跟青少年一樣大；兒子搬回家後，買米、買菜的錢都變多了。

　　像這樣，要用一個相對於退休前消費的比率來預估退休後消費，個別差異實在是太大了。

角度3》動手算算看你的退休每月花費

　　行政院主計總處每年都會公布「平均每人月消費」的統

計，這個統計的問卷是一個很棒的清單，不僅正在想退休後到底每個月要有多少錢才夠的朋友可以拿來試算一遍，就連我這退休人士，也從中得到不少的提醒。

其中，經常性支出分為「消費性」和「非消費性」兩種。「消費性支出」就是食、衣、住、行、育、樂等日常消費；而「非消費性支出」指房貸利息、勞健保費支出等。

① 消費性支出

我把主計總處問卷中的消費性支出項目，依照食、衣、住、行、育、樂、醫療保健、應酬交際等項目稍作重新歸類如文末表 1。在各項類別中，也把我認為可以節省開銷的想法分享如下：

❶食

吃的比較不能省，不過還是有些習慣可以改變。

退休以後盡量可以自己下廚，這樣可以省下不少錢；而且同樣一餐花 200 元，自己下廚的食材比外食實在健康許多。另外，退休後我也不太喜歡和朋友聚餐，退休後有時間，見面可以約去戶外走走，我寧願把錢花在戶外而非大餐，中年之後多吃只是對身體的負擔。

上班的時候很容易用吃大餐犒賞自己，如果能在退休準備階段就有意識的控制開支，一個月省 3,000 元的話，10 年就能省下 36 萬元。

❷衣

退休後少了許多社交場合，門面打理的費用是主要可以節省的來源之一。

像是保養美容用品，應該是我退休後能夠大幅節省的重要來源。我不再到百貨公司週年慶且直上頂樓貴賓樓層，不再做臉按摩，改用開架式保養品，有時懶了也沒拿出來用。我不知道跟我還是去做臉按摩的退休朋友們比起來，自己是不是有明顯比較老化？不過，人比人氣死人，退休後就別折磨自己了。而且如果我有多餘的預算，我會更願意花在知識進修上。

衣服呢，我覺得即便是女人也可以效法已逝的蘋果創辦人賈伯斯（Steve Jobs），或是臉書創辦人祖伯格（Mark Zuckerberg），選擇穿著單色、素色衣服，就能省去很多不必要的煩惱。退休後我很少再買新衣服，看到衣櫃成排的「高級」上班族套裝，丟掉覺得可惜，但吊在那裡也占空間。

❸住

退休後重新裝潢住家或是重置家具等等的朋友比想像中來得多，我家老公是不到最後關頭不輕易同意花這類的錢，不過家電定期汰換就免不了。第 1 章中有提過，像是我退休後 2 年之內冷氣、瓦斯爐、熱水器、烤箱、紗窗、免治馬桶座接力故障，幸好洗衣機和冰箱是退休前剛換過。總之這些不是每月支出，容易忘了估算進來，要記得預留一筆金額。居家整修的話，像是 2020 年我婆婆家廚房重新簡單裝潢也花了 50 萬元。

房租的部分，如果是租屋族需要計入生活成本，而即便自有房屋，老的時候也有可能會去住養老院，我很難想像要我兒子比照我們這一代對父母的孝敬和服務。

可以上網參考一下養生村的費用表。2022 年的時間點，住宿的部分 2 人 1 房月租基本款約要 3 萬元，假設 80 到 90 歲共住 10 年，加上雙人保證金 30 萬元，就需要準備約 400 萬元，且膳食費和水電費還需要另計。這項龐大支出要節省也是可以，現在就得好好保養自己的身心狀況，不然不是住這裡，就是有可能需要住醫療型的安養機構。保持身心健康，可以給自己更多種選擇，情況良好，也許獨自安居在家也沒問題。

❹ 行 & 通訊

退休後會不會還想換車？如第 1 章中提到退休後換車的情況很常見，不少男人很可能在退休階段會想要擁有一輛滿意的好車，因而產生了非預料中的花費。如果需要，就得預留一筆費用，相對的，每年車子的保養費、加油費、保險費等等都需要一併預估。

我把 3C 包括筆電和手機等費用也放在這個項目下面。不少人是 3C 控，新的機型出來就想要嘗鮮，買到停不下手的大有人在，退休後更多時間可以把玩，不可不慎。

通訊費的部分，我有朋友家裡沒裝中華電信市話，也沒有寬頻，全靠手機那種吃到飽的方案，在家裡也可以分享網路給筆電用，這樣幾十年下來節省費用可觀。

❺ 育

即便孩子上私立大學，大學或是研究所畢業之後還是有費用可以瘦身的一天，這段時間有孩子的父母都得熬過去，算是為解救台灣超低出生率進行的慷慨捐款。

如果退休後還有子女教育問題，需要預留一筆費用，例如零用錢還要再給幾年？一共要再發多少出去？子女的費

用和自己的退休費分開估算，會比較清楚自己的退休生活需求和子女的教育之間如何取捨。例如，如果算出來預算已經很緊迫，那就得放棄資助小孩留學、遊學等想法。

再來，活到老學到老，自己的終身學習對於是否可以有快樂的退休生活非常重要；像是參加社區大學的課程，費用能夠很節省，而如果有遊學夢，退休後就可以圓夢，但費用就會相對高昂。所以說退休要有多少錢？你想要怎樣的生活風格，在這些項目上的不同，差異就會很大。

以我來說，因為以前上班的時候需要到國外出差開會，有很多出國的機會，現在相對不會嚮往熟齡遊學。可是我捨得讓兒子上一對一的法文課，還有我自己的一對一日文，語言是我家的興趣。

❻樂

旅遊是很多人退休之後花最多錢的項目，夢想可大可小，如果想要搭郵輪環遊世界，那得準備一個人 100 多萬元。以我來說，由於退休前主要是待外商公司，使用假期不是問題，所以經常自助旅行；退休後先是娘家長輩身體出狀況，讓人放不下心遠行，後來又是疫情，也相對會少一些花費。

其他休閒像是每月訂閱 Netflix 等串流影音，雖然每月只需要花一些小錢，但是在需要控制預算的時候，也可以注意一下是否真有必要花這筆錢。

❼醫療保健

退休後深刻的感受，隨著年紀增長，大小問題會慢慢出現，眼睛和牙齒一定要保養好！即便老後身體沒大狀況，老花眼鏡可能常常需要更換，白內障手術和植牙、假牙費用也是普遍的醫療項目。2022 年台北的植牙 1 顆要 10 萬元上下，而台南的朋友說那邊只要 5 萬元，這些都是在決定退休時可能不會想到的花費。醫療費用因人而異差很大，只能先依照自家長輩實際發生過的狀況模擬預估一下。

❽交際應酬

逢年過節禮數很多，長久以往，費用驚人。退休之後最好所有費用花在自己身上。除非錢真的很多，可以用來交朋友，否則盡量精省，不需要做太多人情給別人，當然我也還是有幾位朋友會輪流請來請去。

❾其他

像是股票買賣交易手續費，基金手續費、內扣的管理費等，往往會被忽略掉；但是這些長期來說都是不小的費用

項目，並且如第 2 章中所說，被吃掉報酬率還不自知。

最後，像是非儲蓄險，例如意外險等消費性保險的保費，在主計總處的統計中也是歸屬於消費性支出。保險規畫最好趁 50 歲之前繳費完成，50 歲之後則要盡量降低保費支出，以便可以在負擔最小的情況下，為退休做準備。

而像是中年之後投保長照險保費不低，如果預算並不充足，應該是以退休金的累積為優先；我自己是以建立股息收入來支應未來可能產生的長照費用，還有早期投保的儲蓄險和終身壽險也可以解約來用，可惜近年低利率，現在很難購入那樣條件的保單了。

另外，像是長照雖然是要注意的風險，但像我的母親是癌症病逝，沒有用到長照，而我的父親臥床也只有 1、2 個月；如果把錢鎖在保險上，過多的保費反而侵蝕了生活品質。

以上是消費性支出的部分，接下來再看看非消費性支出：

② 非消費性支出

在「非消費性支出」（詳見文末表 2）中則分為 2 類，

第 1 類是「利息支出」，例如房貸利息等，若退休後房貸尚未繳清，萬一遇到升息的區間，壓力就會變沉重。

第 2 類則是「經常性移轉支出」，又分為對私人（如孝親費、婚喪喜慶禮金等）、對政府機構（如稅金、交通罰鍰等），以及社會保險（如勞保、公保、國民年金保費等）。

值得一提的是父母的孝親費用。我算幸運的是，公婆家靠公公以前工作分配的股票產生的股利過生活，不用跟我們拿錢，也因此我退休後才會開始用所謂績優股「存股」的方式來獲得現金流。

剛退休時，因為父親還有些存款，和父親商量過後，女兒們就停止每月的孝親費；到後期父親需聘請外籍看護，就開始有要分擔費用的壓力，只能感謝父母當年增產報國子女多，分擔壓力不至於太大，而才支付 1、2 個月後，父親就離開了。不過這個情況的確必須注意，如果你還年輕，可能想不到未來很遠的事而輕率離職，但是我認識的人當中也有因為這些花費而重返職場、不敢退休。

表列項目很清楚，請自行瀏覽一下。這些項目在估算退休費用時很容易被遺漏。

其他像是理財型的保險、定期定額投資等，就是自己規畫好現金流，這些並不在主計總處「消費性支出」和「非消費性支出」這兩項「經常性支出」討論之列。

用「人生減壓對策」避開消費陷阱

我試著沒有特別節省，也不特別奢侈地把包含「消費性支出」及「非消費性支出」的預估處填滿，如果 50 歲的夫妻要準備過 40 年的長壽退休生活，輕易就能花掉幾千萬元。像是我家 1 個月 1 個人大約是將近 1 萬元的吃飯錢，兩個人 40 年就能吃掉近 1,000 萬元。

你說老的時候食量會變小，但到時可能喝的是很貴的營養補充品來維生。臥床的人不用買新衣也不用交通，更不會玩 3C，也不可能有育樂活動。可是光躺在床上，每月就花 3 萬～ 5 萬元是很正常的事。如果提早退休的話，能領的勞保月退很少，不可能指望勞保年金夠支應。雖然寫到這裡恐怕讓讀者感到不快，不過我仍要正襟危坐地說，如果你是有備而來當然恭喜你，但是再怎麼厭倦工作，提早退休前，千萬要算清楚。

下面是我的「人生減壓對策」，雖然退休不簡單，但是

有很多消費的陷阱，我們仍能夠控制，並提前預防：

① 住家設備、電器使用請小心，重新裝潢與購置很貴的。

② 退休後別衝動買一輛過不久你會想賣掉的賓士車，並戒掉 3C 等昂貴的興趣。

③ 我也需要防範的是「迴力鏢小孩」，退休後，就該過著以自己為主的人生。

④ 即便大家都在旅遊，也不一定要跟著去。搭乘台鐵的區間車，找幾個小站下車，漫遊花東，風景也是世界級。

⑤ 勤於健身保養自己，是最基本可省開銷的拿分題，牙齒和眼睛別弄壞了。

⑥ 退休前務必還掉有害的貸款，像是信用貸款；而房貸也要小心，因為你不知道什麼時候會升息。

光靠節省可以減壓，但是無法完全解決問題，開始學習正確穩當的理財方式，逐步建立退休後現金流支應經常性開銷，而非坐視花 1 萬元，退休金水位就掉一格。花幾個

小時預估你的退休每月支出，以及該做哪些大額預備金的準備，對於退休生活花費會有一個清楚的輪廓；若不對照一下主計總處這些項目，還真的很容易遺漏呢！

角度4》最底限是和一般台灣人過得一樣好

若你被上面盤點費用的工作嚇壞了，最後提供一個簡單的估算方式。參考主計總處家庭收支調查的國人平均每月消費數字的實際數據，以 2021 年來説：

- 全台灣平均是 2 萬 3,513 元。
- 消費最高的台北市是 3 萬 2,305 元。
- 消費最低的南投縣是 1 萬 7,579 元。

你可以用這個統計數字來做預算控制的目標，例如省一點的話，像南投縣人一樣只花 1 萬 7,579 元，很容易就可以退休了。不少台北人會賣掉台北的房子到中南部去定居，移居也是可以降低提早退休難度的方式。不過要記得，這個金額是平均數字，不是當月可以花光的錢；你每個月必須節省一些，為不定期大額支出的費用預作準備。所以最保險的做法，其實還是建議依照前面的段落試算一遍。

表1 食衣住行育樂等生活費用為消費性支出
——消費性支出項目

大項		細項	發生頻率		
			每月	每年	一次性
食	1.食材費	含米麵主食、魚、肉、蛋、食材、食用油、調味品、水果等	✓		
	2.外食、外帶、外送		✓		
	3.搭伙	學生餐費、職場餐費	✓		
	4.零食、飲料費		✓		
衣	1.衣著及服飾用品	衣著方面：新衣、襪購置、修補費、送洗費	✓		
		服飾用品類：帽子、領帶、皮帶、雨衣、鈕扣、手套、拉鏈、安全帽等		✓	
	2.鞋類	鞋、擦鞋費、修補費及鞋子送洗費		✓	
	3.人身保養及整潔美容用品	牙膏、牙粉、牙刷、電動牙刷、牙線、沖牙機，洗髮精（粉）、潤絲精；化粧用品如口紅、乳液、化粧水、粉餅、滋養霜、指甲油等；香皂、沐浴乳、衛生紙、衛生棉、紙尿布、刮鬍刀，髮油（男女）	✓		
	4.理髮及沐浴等美容費用	理、燙及染髮、洗髮、按摩費、修指甲費、美容費	✓		
住	1.住宅裝修	榻榻米換面、門窗、屋頂、地板、爐灶之建材裝修費、電路及電氣、自來水、瓦斯設備之裝修費。其他有關住宅、庭園裝修費，油漆、粉刷、壁紙等設計裝修費			✓
	2.家具設備及修理	購買及修理桌子、椅子、沙發、櫥櫃、床、床墊、鏡、雕刻、油畫等陳設物；照明設備（燈具）、置物箱（整理箱）等費用			✓

大項	細項	發生頻率		
		每月	每年	一次性
3.家用紡織類用品及修補	購買及修補床（被）單、棉被胎、蚊帳、毛毯、窗簾、地毯、毛巾桌布、其他遮蓋物、綑包用品			✓
4.家庭耐久設備及修理	購買及修理流理臺，烹飪用具（電鍋、瓦斯爐、排油煙機、烤箱、電磁爐、電爐等）、縫紉機、打蠟機、洗衣機、烘乾機、電冰箱、果菜汁機、空調、電扇、抽風機、電暖器、電毯、電熱水瓶、飲水機、熱水器、保全裝機費			✓
5.家庭其他用具	購買碗、筷、鍋具、茶杯等玻璃器皿、非電熱水瓶、椅墊、奶瓶、奶嘴、杯墊、盆等陶瓷器、手電筒、電燈泡、電線、鎚秤、草蓆、其他家庭用乾電池			✓
6.房地租	房租、長期在外就業、就學之住宿費，及地租費、老後養老院費用	✓		
7.家庭佣人及其他服務	家庭炊洗、整潔僱工工資、家用織物之整理洗染工資、房屋之清洗、打蠟，及其他佣人等費用	✓		
8.家庭非耐久物品支出	非耐久之家庭用品，如洗衣粉、洗衣肥皂、漂白劑、洗碗精。火柴、蠟燭、樟腦，清潔劑、殺蟲劑，刷子、掃帚，塑膠袋，家用紙製品、捕鼠器，飲用水過濾頭及其他設備之耗材	✓		
9.保險費	自用住宅保險保費、居家設備保險保費、其他營建物保險保費		✓	
10.住宅裝修及服務	大廈管理費及保全月費	✓		
11.水費及垃圾清潔費	自己實付自來水費、隨水費徵收垃圾清潔費、垃圾清潔費及專用垃圾袋費	✓		
12.電費	實付電費	✓		
13.氣體燃料	天然氣或桶裝瓦斯費	✓		

（住 為第6至13項大項）

接續下頁

大項		細項	發生頻率		
			每月	每年	一次性
行&通訊	1.個人交通工具之購置	腳踏車、摩托車、汽車購置費			✓
	2.個人交通設備使用管理及保養費	零件附屬品、輪胎、通行費、汽車保養、駕駛學習費、油費	✓		
	3.汽、機車保險費	汽、機車保險保費		✓	
	4.乘交通設備及其他交通服務（含車資雜費）	搭乘汽車、火車、計程車、船、飛機、捷運、高鐵（含通勤、通學）	✓		
		行李運費、保管費，家庭用品之儲藏及搬運費用			✓
	5.個人通訊工具之購置	個人通訊工具之購置		✓	
	6.個人通訊費	家用電話、上網費及手機通訊費	✓		
	7.其他通訊費	明信片、郵票、郵資不足罰款、公共電話費			✓
育	1.各級學校學、雜費	1.繳交各級學校之學雜費與活動費用（班費等）、升學報名費		✓	
		2.教科書、參考書、講義、學習用書及教學用錄影音及軟體光碟		✓	
		3.購買各項筆墨、水彩、書包，帳簿、相簿、筆記本、祝賀卡、信封、信紙，文具及各種紙張、兒童讀物、零買書刊		✓	
	2.子女零用金	子女零用錢	✓		
	3.子女補習費	各級學校以外之學習費用，含升學補習費、安親班費、才藝班、就業補習、證照補習（含證照考試報名費）	✓	✓	
	4.家庭教師	支付給家庭教師的費用	✓		
	5.自己進修	就業補習、證照補習（含證照考試報名費）、成長課程、語言學習、社區大學等費用	✓		

大項	細項	發生頻率		
		每月	每年	一次性
育 6.閱讀	書、報、雜誌	✓		
7.子女留學	子女留學、遊學			✓
8.自己遊學	自己遊學			✓
樂 1.旅遊	國內旅遊		✓	
	國外旅遊		✓	
2.健身	運動用具之購置、運動相關費用：支付各種球類運動、騎馬、游泳池、健身房費	✓		
3.個人興趣	購買照相機、樂器，花卉與種植園圃之費用、飼養寵物之費用、釣魚用具、玩具、串流影音、App、各種競賽之門票、KTV費、看電影、音樂會、跳舞、展演場所、遊樂區之門票、展覽、電動玩具遊樂費、影碟租金、照相費、沖洗費（不含婚紗照）、溫泉SPA	✓		
4.個人奢侈品	購買鐘錶、金飾手鐲寶石、太陽眼鏡、皮包、皮夾、其他各種首飾，以及前述各項物品修理費		✓	
醫療保健 1.消費性醫療用具設備及器材	隱形眼鏡、口罩、消毒酒精之購置費	✓		
2.耐久醫療用具設備及器材	復健用義肢、義眼、助聽器、輪椅、矯正鞋、醫療用按摩設備、拐杖購置費。假牙、鑲牙及矯正費、血壓器、遠近視眼鏡等。醫療設備修理與租用費、其他耐久性醫療器具及設備之購買與維修費等			✓
3.健保就診消費		✓		
4.住院診療及非受僱醫院醫護服務	住院診療費			✓
	慢性療養院、有醫療行為之「安養院、居家照護」等費用		✓	
	民俗醫療費用（如跌打損傷、收驚、問病或治病乩童紅包、香灰錢等）			✓

接續下頁

211

大項	細項	發生頻率 每月	每年	一次性
醫療保健	5.醫療用品支出（包括中西藥在內）	西藥（如注射型維生素、消炎藥、感冒藥、咳嗽藥、外用藥膏或藥水、口服液、生理食鹽水、家庭常用成藥等		✓	
		中藥（如當歸、人參、四物、四神、十全大補、枸杞等中藥材與方劑，或傳統中藥成藥及科學濃縮中藥等）、藥酒（含維士比等）	✓		
		健康食品及醫療保健用品（如體溫計、冰枕、急救箱、繃帶、錠狀及膠囊狀維生素、鈣片、魚肝油等）	✓		
	6.人身意外災害醫療保險	學生團體保險保費（僅自付額部分），其他人身意外險、醫療險（如防癌險）保費	✓		
交際應酬	1.婚生壽慶喪費用	婚（子女結婚）生（子女生子）壽慶喪祭及地區性拜拜			✓
	2.招待親友之飲食交際費及禮品	招待親朋好友花費於餐館、舞廳、咖啡廳、茶館、酒家、旅館等場所之各項飲食支出（包括食物、點心、酒飲料等，但不包括菸及因旅遊而發生餐飲費）		✓	
其他	1.金融服務	包括與金融機關交易往來之手續費、匯費、經紀人佣金、投資之諮商費、申購股票處理費、股友社月費	✓		
	2.宗教祭祀	初一、十五、節慶等祭拜		✓	
	3.其他非儲蓄性保費支出	非儲蓄性保險保費、定期壽險保費、藝術品意外損失保險費，及其他		✓	

資料來源：行政院主計總處　　整理：嫺　人

表2 利息、經常移轉支出為非消費性支出
──非消費性支出項目

項目		發生頻率		
		每月	每年	一次性
利息支出（金融機構、民間）	1.房屋貸款利息	✓		
	2.其他（含合會）	✓		
經常移轉支出	1.對私人 — 婚喪壽慶禮金、過年紅包		✓	
	公益慈善捐款（寺廟、教會、財團法人等）		✓	
	其他（工會或公會會費、互助金、戶外親友生活費等）		✓	
	孝親費	✓		
	2.對政府 — 房屋稅、地價稅		✓	
	綜合所得稅		✓	
	其他稅捐（契稅、遺產稅、土地增值稅、汽機車牌照稅等）		✓	
	彩券			✓
	其他（罰款、規費、工程受益、行車執照、燃料使用費、護照等）			✓
	3.社會保險 — 勞保／公保／農保／漁保／軍保	✓		
	健保	✓		
	國民年金	✓		

資料來源：行政院主計總處　　整理：嫻　人

步驟3》定期統計退休準備 盤點財務現況

在這個步驟，主要是具體了解你目前的財務現況，也就是藉由「退休金準備資產負債表」盤點你目前的財產有多少？這也是我在退休前後都有持續定期更新的，你可以每個月更新一次，也可以每季一次。

製作專屬的「退休金準備資產負債表」

請參見表 1 範例，製作一張屬於你的「退休金準備資產負債表」，試著盤點你所有的資產與負債，填入表格當中。

• **資產**：你所擁有的財產，一般包括現金、銀行存款、所投資的金融資產（股票、基金等）、房地產⋯⋯等。

• **負債**：你所背負的債務，例如房屋貸款、汽車貸款、信用貸款、卡債等，如果有私人借貸也必須填入。

• **淨值**：將「資產」減去「負債」，就會得出來你的退休

準備的「淨值」。

　　算出了「淨值」這個數字，再和 3-4、3-5 一步步計算出來所需的退休金數字進行比較，就可以知道自己還需準備多少錢才能快樂退休了。

　　針對上述的個人資產負債表，比較需要特別說明的是以下幾項：

① 股票

　　投資的金融資產要分為股票和債券資產。像是個股、股票型基金、還有第 2 章中提到的股票型 ETF，如元大台灣 50（0050），都歸類到股票資產當中。而如果有投資第 2 章中提到的非投資等級債（高收益債）或是 REITs（不動產投資信託）等，考量到它們的波動度，也建議歸類到股票項目下。

② 債券

　　如果是公債或投資等級債 ETF，則要歸類到債券資產中。你可以去各個投資的來源，記錄當月或當季的現值（例如從券商 App 查看庫存金額）。清楚分類好股、債配置之後，就可以透過這張資產負債表來定期追蹤股債配置的比例。

表1 將資產扣除負債，即為淨值

日期	資產（萬元）							
	股票（基金／ETF／個股）	債券（基金／ETF／個股）	活存	定存	勞保、公保	勞退	保單解約價值	
2023.01	300	100	10	50	100	100	100	
2023.02	305	101	10	50	100	100	100	
2023.03	310	102	10	50	100	105	100	

　　也可以考慮將活存、定存、勞保及勞退現值等安全性較高的資產，一併計入債券類當中；當計入這些項目，且占比較高，表示你可以增加股票部位的積極投資比例。

③ 活存和定存

　　可以歸類為債券類的安全投資。

④ 勞保、公保

　　如果你是適用勞保，那麼可以使用「勞保局 e 化服務系統」，公保則是查詢「公教人員保險網路作業 e 系統」，這樣就可以查詢或是試算各項給付了。

　　如果符合一次領的資格，可以在個人「資產」上直接列

——退休金準備資產負債表範例

		負債（萬元）				淨值（＝ ❶－❷，萬元）
房地產	資產小計❶	房貸	信貸	卡債	負債小計❷	
1,000	1,760	500	0	5	505	1,255
1,000	1,760	475	0	5	480	1,286
1,000	1,777	451	0	5	456	1,321

入一筆金額。但如果只能月領，因為通貨膨脹會讓未來可以領的金額價值變薄，可以去網路上找年金現值的折算工具，折成一筆現值填入表中。（詳見文末圖解操作）

⑤ 勞退

一樣是在「勞保局 e 化服務系統」中可以查詢，一般勞退選擇一次領的比例較高，可以直接把目前顯示勞退個人專戶的累積金額填入表中。

指數化投資之父約翰‧柏格（John Bogle）在他的《約翰柏格投資常識》書中主張社會保險制度也可以計入保守的債券部位，因為像是勞保、公保、勞退等給付的安全性比較高，性質上可以歸類為債券。

不過，在美國的媒體文章中也有人主張不要把這些項目計入債券，因為這些項目在還沒有領到手之前不易變現，也不容易做股債再平衡。我自己就傾向不把它列入股債配置的計算，而是把它視為未來長照的預備金。

⑥ 保單解約價值

請注意，這裡列入的「不是」保單可以理賠的金額，而是指「保單的解約價值」，這才是萬一需要用錢並解約保單時可以拿到的金額。一般來說，儲蓄險和有解約價值的終身壽險，解約金額比較固定，所以可以分別記錄，也許在資產配置上可以視為債券。不過因為保單在尚未到期之前解約會有損失，一般並不建議；所以我自己也是傾向不把它列入股債配置的計算，而也是把它和勞保年金一樣，視為未來長照的預備金。

而如果是投資型保單，因為性質上比較接近投資，建議把它按照投資標的分類列入股債的項目，來記錄它的價值變化。解約價值可以從保單上查找到，或是到保險公司網站上的保戶服務區查詢。

⑦ 房地產

自住房地產如果最後可能是留給晚輩，其實不建議算入

退休準備金，除非有打算以後辦「以房養老」來變現花用，或是要賣掉自住房地產並搬去房價比較低的地方，如此就能擠出一些退休準備金，那就另當別論。能夠計入退休準備金的是「非自住」的房地產，可以算算總市價及每年可以產出的租金收入是多少。

其他還有兩項沒有列入表 1 的範例，但可能會增加你退休準備金：

⑧ 離職金

離職時公司是否會另有離職金或是退休金？

⑨ 可能繼承的遺產

未來會不會有繼承遺產的可能？不過若有兄弟姊妹，建議保守預估，因為你不知道在分產的過程中會發生什麼事。

經過以上的記錄，例如說現在的退休金準備淨值是 1,300 萬元，而如果在下一個步驟（詳見 3-4）估算退休金總共需要 2,000 萬元；也就是說，還需要努力的缺口等於 700 萬元。

另外，不少人準備退休的時候會是用「現金流」的角度，

而非像上面說的退休金準備淨值的方式來思考。例如常會
聽到有人說，「如果 1 個月有 5 萬元的股息等投資收入，
那就可以退休了。」「現在股息收入平均每月 3 萬元，還
差 2 萬元。」這是用現金流的角度來評估退休金的準備程
度。我會在 3-5 中分析這樣的思考方式會不會有什麼要注
意的地方。

圖解操作》 將勞保年金折算成現在的價值

折現的意思是將未來一筆錢換算成現在的價值，共分為 2 步驟。首先，統計 65 歲之後能領到的所有勞保年金，並折算到 65 歲時的價值。

以下用 Financial Mentor 網站的試算工具（網址為：https://financialmentor.com/calculator/present-value-of-annuity-calculator，QR Code 如右）。假設現年 45 歲、預計 65 歲請領每月 1 萬 8,000 元勞保年金，預計領到 80 歲：

Expectancy Wealth Planning, Our Flagship Course: Learn More →

年金現值計算機 Present Value of Annuity Calculator

Payment amount ($): 金額   ❶ 216000

Interest rate (%): 年利率   ❷ 2

Number of years (#): 年數   ❸ 15

Payment interval: 支付間隔   ❹ Annually

❺ Calculate Present Value of Annuity   Reset

Present value: ❻ $2,775,440.92

- Payment amount（金額）輸入❶「216000」元：此為假設月領 1 萬 8,000 元 ×12 個月＝年領 21 萬 6,000 元。

- Interest rate（年利率）輸入❷「2」％：此為折現率，僅為假設。一般來說可以用無風險利率或定存利率。考慮未來升息狀況，這裡我使用 Financial Mentor 網站的通貨膨脹率概念，並且使用 2% 作為折現分母。

- Number of years（年數）輸入❸「15」年：勞保老年年金給付的月領金

接續下頁

額是活多久領多久，此處假設 65 歲開始領且活到 80 歲。若提早在 60 歲開始領，金額就會減少，也就是所謂的「減額年金」，請領年數就要改為 20 年。

- Payment interval（支付間隔）選擇❹「Annually（每年）」：為利於說明，此範例採取年領計算。

輸入上述條件後，點選❺「Calculate Present Value Of Annuity（試算年金現值）」，即可得到結果為❻ 277 萬 5,440 元，大約是 278 萬元的金額。

若直接把 21 萬 6,000 元乘以 15 年，會等於 324 萬元。而用「年金現值計算機」，就能算出在考慮 2% 通膨率後，約等於 65 歲時的 278 萬元，約是 324 萬元的 86%，這是因為領到的錢會因物價上漲而愈來愈薄。

其實依「勞工保險條例施行細則」規定，當消費者物價指數累計成長率達 5% 時，就會提高勞保年金給付。不過，考量到勞保有財務面的隱憂，我還是傾向用較保守的方式去估算勞保年金的價值。而會使用 Excel 的讀者，也可用「PV」函數計算，輸入方式為「=PV(2%,15,216000,0,0)」。

Step2

接著，將 Step 1 算出的整筆勞保年金價值，折算為現今的價值。同樣用 Financial Mentor 網站上的試算工具（網址為：https://financialmentor.com/calculator/present-value-calculator，QR Code 如右），並輸入以下條件：

- Future Value（未來值）輸入❶「2775441」元：此處填入 Step 1 計算出的 65 歲時勞保年金價值。

- Discount/Inflation Rate（年利率）輸入❷「2」%：同樣以通膨率 2% 作為折現率。

- Number of years（年數）輸入❸「20」年：現在年齡距離請領勞保年金的

年數，此處範例是設定現年 45 歲，距離 65 歲開始領勞保年金還有 20 年（如果是選擇 60 歲起領減額年金，那就是還有 15 年）。

- Payment interval（支付間隔）選擇❹「Annually（每年）」。

輸入上述條件後，點選❺「Calculate Present Value（試算現值）」按鈕，即可得到結果為❻ 186 萬 7,792 元。

隨著年紀增加，需要折現的年數減少，這個價值也會每年上升。例如到 46 歲時，距離 65 歲剩下 19 年，將年數這個欄位改為 19，那會得出勞保年金相當於 191 萬元的價值。

有人會問說是不是有 1,000 萬元就可以退休？其實如果較早退休，那未來要經歷更多年數，所以 40、50 歲退休需準備的退休金和 65 歲退休的人是不同的狀況，當然是要更加謹慎。而會使用 Excel 的讀者，也可用公式計算出相同的結果，按上述相同條件，輸入方式為「=2,775,441/(1+2%)^20」。

Expectancy Wealth Planning, Our Flagship Course: Learn More →

NPV 現值計算機 Present Value Calculator – NPV

Future Value ($): 未來值　❶ 2775441

Discount / Inflation Rate (%): 折現率／通貨膨脹率　2 ❷

Number of Years: 年數　❸ 20

Compound Interval: 支付間隔　❹ Annually ▽

❺ **Calculate Present Value**　**Reset**

Present Value:　❻ $1,867,792.23

資料來源：Financial Mentor 網站

3-4 步驟4》計算財務自由的數字① 加總法、4%法則

　　這個步驟是試著計算你需要多少退休金，才能宣告財務自由退休去。

　　根據「2021 Yahoo 退休理財白皮書」調查的結果顯示，大家平均認為需準備 1,135 萬元才能退休；之前看過幾個調查，也差不多是這樣的數字。而這個調查中還顯示平均預計退休年齡是 60.3 歲。

　　但這也只是平均數，其實要多少錢才能退休並沒有標準答案。要先問以下的問題：

　　• **你打算幾歲退休？** 如果 60 歲才退休，1,135 萬元感覺是個可以的數字，因為這個年紀退休，除了勞保、公保可領金額比較高，如果有勞退的話，這部分也已經累積比較大的金額。

　　• **你的預估壽命是多少？** 誰知道？ 2021 年，台灣人的

平均壽命是 80.86 歲，其中男性 77.67 歲、女性 84.25 歲。我的父母離世時都超過國人的平均壽命，因此我自己是用 100 歲去預估。我父親比母親晚走，前面提過我父親走的時候算得很剛好，因為繼續下去就要用子女各自的退休金來支應照護費用了；雖然父親有房子，但是早已登記在其中一名子女名下，而在最後的照護階段也不可能賣掉。所以請別說我想得太美，打算要活到 100 歲；相反的，100 歲是我在做退休規畫時的「最悲觀情境預估」。

• **你想要怎樣的退休生活？** 以一個人一年的退休費用 40 萬元估算，大概過的是小康日子，要出國遊山玩水比較可能是背包客等級。像我喜歡背著背包去旅行，照顧好身體，也許疫情過後我雖然已經 50 好幾了，也不是不行。要過怎樣的退休生活，在 3-2 我們已經走過一遍，如果你有認真算出一個數字，那麼在接下來的計算中就能派上用場。

• **退休後是不是會有收入？** 像是第 2 章中討論到的理財方法，不同的資產配置和投資工具，可能產出不同的報酬率，都會影響到需要的退休金，又或者是有房屋出租收入等等。

有 3 種方法可以預估需要多少錢才能退休，這裡先介紹

前 2 種，3-5 再介紹第 3 種。請注意，因為現在單身人口很多，以下我們就假設是單身一個人的情況來說明。如果是兩人之家，因為兩人退休年齡很少剛剛好一樣，這邊只能展示原則，請大家再依照自己的情境試算。

直接加總法》將退休生活費需求扣除準備淨值

直接加總法就是一般人會用的直覺思考，也就是用小學算術加一加，乘一乘。這邊我就用活到 100 歲來試算。雖然長壽是喜事，但對於計算退休要有多少錢來說，卻可能是出現的最差狀況。我們就用最多要準備多少錢，來看看 50 歲和 60 歲退休的人，分別要準備的退休金是多少？

假設算出來 1 年所需的生活費是 40 萬元。50 歲退休的人活到 100 歲需要 2,000 萬元生活費（＝ 50 年 ×40 萬元），而根據 3-3 計算出來的個人退休金準備淨值，假設是 1,300 萬元，那麼退休金缺口就是 700 萬元（＝ 2,000 萬元－ 1,300 萬元）。若是 60 歲退休，則活到 100 歲需要 1,600 萬元生活費，退休金缺口則為 300 萬元。

加加減減雖然簡單，但這個計算方式最大的致命傷是沒有把物價上漲考慮進去。其實大家也知道，現在去外面吃

東西是愈來愈貴了，而自己自炊也不遑多讓，一片魚要 1、200 元很正常。

如果通貨膨脹率（一般用「消費者物價指數年增率」來衡量）是一般政府認為合理的水準 2%，那麼現在的 1 年 40 萬元生活費，在 20 年後會變成需要 59 萬 4,379 元才能維持相同的購買力。

2011 年的時候，台灣每個人平均月消費是 1 萬 8,465 元，到了 2021 年台灣人月平均消費已經來到 2 萬 3,513 元，10 年成長 27.3%，等於每年是 2.4% 的複利成長率。

一般在講通貨膨脹率，各國政府的目標通常是控制在 2%，但真實的生活呢？除了物價會上漲，消費也會因會醫療或科技進步而升級。

4%法則》考量物價上漲，設定安全提領比率

如果要考慮物價上漲的影響，可以用 4% 法則來計算退休金，這是美國人講到退休經常會提出來討論的一個準則。

4%法則（4% Rule）是美國財務專家威廉·班根（William

Bengen）在 1990 年代初期提出，他以 1926 年到 1990
年的實際經驗佐證，提出退休人士安全的提領比率是 4%。

用 4% 的提領比率，可以換算出理想退休金額，而相信
（並非保證）這個理想的退休金金額，可以繼續支應提領
所需生活費「30 年」的時間。

以上讀起來是不是有點抽象？我們來舉個例子：

閒人先生準備了 1,000 萬元的退休金，4% 法則下的每
年消費是這樣計算的：

- 第 1 年從 1,000 萬元中提取 4%，也就是 40 萬元。
- 第 2 年因為物價上漲，消費必須提升 2%，也就是必須
提取「40 萬元 ×（1+2%）＝ 40 萬 8,000 元」才夠花用。
- 第 3 年因為消費比第 2 年又提升了 2%，所以必須提
領「40 萬 8,000 元 ×（1+2%）＝ 41 萬 6,160 元」才
夠花用。
- 後續年度以此類推。

在 4% 法則下，每年都要比前一年度提領更高的金額，
才能夠維持和退休第 1 年一樣的購買力和生活水平；這樣

考慮到物價上漲，且兼顧維持生活品質，才是理想的退休金額。

了解 4% 法則的提領方式之後，接下來就可以用 4% 提領率的法則來倒推理想的退休金準備金額。如果你 1 年需要 40 萬元的生活費，可以用下面兩個方式，都可以計算出共需要準備 1,000 萬元的退休金：

算法1》年度生活費用除以4%

4% 法則概念就是「年度生活費相當於退休金的 4%」，因此將年度生活費 40 萬元除以 4% 就能得到結果：

年度生活費用 40 萬元 /4% = 1,000 萬元

算法2》年度生活費用乘以25

也可以用倒數的觀念，「除以 4%」其實就等於「乘以 25」，所以也常有人會用這樣的公式來計算：

年度生活費用 40 萬元 ×25 = 1,000 萬元

用以上計算出來的金額，再減去 3-3 統計出來的目前個人退休金準備淨值，就是不足的退休金缺口。

實際使用4%法則時，需留意3關鍵

4% 法則看起來簡單，可是實際用起來要非常小心，下面就來繼續拆解 4% 法則的 3 個非常重要的關鍵：

關鍵1》4%法則假設的退休期間是30年
建議：提早退休族可降低提領率，以因應更長的退休期

簡單說，4% 法則是為了要算出一般退休族，到底每年可以從退休金中提領多少比率，才不會發生以下的狀況：

- 不小心把錢提前花光。
- 或是相反的，太節省，失去生活品質。

而 4% 法則當初被提出時是假設 30 年的退休期間，如果以「2021 Yahoo 退休理財白皮書」調查所說，台灣人平均想要 60.3 歲退休，那麼用 4% 法則來估算退休金大致是合理的，也就是這樣的算法大概可以讓你的退休金安全供你生活到 90 歲沒問題。

可是，現在很多人想提早退休，若把 4% 用來計算提早退休的退休金呢？以 40 歲就想要提早退休的人來說，4%

法則計算出的退休金額可以安全運作 30 年，那就是只到 70 歲；可是，2021 年台灣人的平均壽命是 80.86 歲呀！

這樣看來，4% 法則是不是也適用「提早退休」？恐怕是太過驚險的。我自己是提早退休族，我把提領比率降至較保守的 3%；也就是，退休金的 3% 是我的消費天花板。如果用 3% 法則計算，以退休第 1 年的消費是 40 萬元來說，退休金準備就要從 4% 法則之下的 1,000 萬元，增加到 1,333 萬元（＝ 40 萬元除以 3%，或是 40 萬元乘以 33.33）！

如果要提早退休，在計算退休金的時候最好保守一點，避免太樂觀。

關鍵2》4%法則的退休金要持續投資
建議：適當的投資報酬率，讓退休金照顧你到老

在 4% 法則之下，退休金是要持續穩定投資，而不能全部靜靜躺著放定存的。

如果沒有投資產生收益，又要每年花 4%，那樣等於 25 年就百分百花光退休金了，撐不到 30 年，更別說每年消

費還要至少提高 2%。

而退休金若要繼續投資，就會遇到 2 個問題：

1. 退休金要有多少投資報酬率？

在講到退休的 4% 法則時，通常是配合股票資產占 60%，債券資產占 40% 的資產配置，而在美國，這樣的長期歷史投資報酬率大約是 6% ～ 7%。

2. 怎樣達到這個報酬率？

股六債四這樣的配置在過去 10 年，是不是可以達到 6% ～ 7% 的報酬率呢？這邊我用 2 檔採取股債資產配置的 ETF 過去的歷史資料來說明：

• **股六債四**：美國 iShares 核心成長配置 ETF（iShares Core Growth Allocation ETF，AOR）。
• **股四債六**：美國 iShares 核心穩健配置 ETF（iShares Core Conservative Allocation ETF，AOM）。

從表 1 中可以看到，2021 年底全球股市高點的時候，回測過去 10 年，我們可以看到較高的年化總報酬率；而到了 2022 年 9 月中旬，股債都跌落一大段，這時候回測

表1 遇到熊市，ETF 10年年化報酬率下降
——資產配置型ETF過去10年年化報酬率

股債配置比例	資產配置型ETF	過去10年年化報酬率（%）	
		截至2021.12.31股市高漲時	截至2022.09.15股債皆大跌時
股六債四	成長型ETF（以AOR為例）	8.81	5.82
股四債六	穩健型ETF（以AOM為例）	6.65	4.19

資料來源：晨星網站

過去 10 年，得到的報酬率就會下滑。

　　像 2022 年因為升息這種股債一起大跌的情況可以說是數十年少見，以 2022 年 9 中股債都跌了一段之後，回測股六債四的組合，10 年間年化報酬為 5.82%。而如果使用比較保守的股四債六組合，就會只有 4.19%。如果以這個景氣階段來看的話，達成 6% ～ 7% 的報酬率雖然是長期可期，但短期內看起來是吃緊的。那遇上這樣的市場狀況時，還能用 4% 法則計算退休金嗎？

　　其實，2021 年底美國晨星（Morningstar）機構已經預先提出，以當時對市場未來的預測來看，因股債都已位

居高點來看，未來報酬預估必須保守，因此使用較保守的 3.3% 而非 4% 作為退休第 1 年的提領率，應該是比較安全的，這樣大約能確保 9 成的機率，不用擔心未來 30 年會把退休金用光。

關鍵3》4%法則的每年支出費用逐年提升
建議：若遇嚴重通膨，可控制消費以免退休金不夠用

前面有提過，4% 法則是有考慮到退休後每年消費是要隨物價上漲而調整的，這樣才能維持生活品質。而 4% 法則假設的通貨膨脹率大概是 2% ～ 3% 之間，可是萬一退休以後，遇到像是 2022 年因為疫情導致美國的通貨膨脹率飆高到 8% ～ 9% 的狀況呢？甚至 2022 年 4 月到 7 月，台灣也是出現了超過 3% 的通貨膨脹率。

早幾年退休的時候，很難想像到會遇到這樣的狀況，因為台灣過去有很長一段時間的通貨膨脹率都很低。台灣從 1997 年以來的近 25 年，只有 2005 年和 2008 年的全年平均通貨膨脹率超過 2%，其他年度都在 2% 之下。2022 年的物價上漲讓全民特別有感，而像這樣突然遇上高通膨的時候，如果正處在退休生活中，是不是要很擔心退休金因為通貨膨脹而不夠用呢？

有一個名詞叫「生活型態緊縮（lifestyle deflation）」，也就是雖然外在環境的物價水準變高了，可是我們自己可以控制消費，過著比較簡單的生活，不一定要隨環境起舞。但是當然節儉也有限度，有些費用的確會省不了，特別是如果比 60 歲之前更早退休的狀況，那樣的話退休生活很長，出現像 2022 年通膨異常飆高的變數就更多。

物價上漲時，降低提領率並調整退休金計算方式

我們來看看在物價上漲很嚴重的情況下，要怎樣面對退休金的計算呢？

情境1》通貨膨脹率高昂，且投資報酬率降低

在表 2 中，我用 3.3% 的提領率，以 3% 的通貨膨脹率，並用悲觀的 4% 報酬率來做保守試算（的確在 2022 年 9 月中寫這本書的時間點，市場看法是一片愁雲慘霧）。在這種悲觀的組合下，退休金可以撐到幾歲？首先，我們來試算，如果第 1 年要花 40 萬元，而提領率是 3.3%，那要準備多少的退休金？

年度生活費用 40 萬元／ 3.3% ＝退休金 1,212 萬 1,212 元

表2 在情境1下，退休金可供提領35年

年度	生活費提領率❶（＝前一年❶*通膨率）	年初退休金餘額❷（＝前一年末的❻）	年初一次提領生活費❸（＝1,212萬元*❶）	
1	3.3%	12,121,212	400,000	
2	3.4%	12,190,060	412,000	
3	3.5%	12,249,183	424,360	
4	3.6%	12,297,816	437,091	
5	3.7%	12,335,154	450,204	
10	4.3%	12,321,057	521,909	
20	5.8%	10,838,492	701,402	
30	7.8%	6,099,060	942,626	
31	8.0%	5,362,692	970,905	
32	8.3%	4,567,458	1,000,032	
33	8.5%	3,710,123	1,030,033	
34	8.8%	2,787,293	1,060,934	
35	9.0%	1,795,414	1,092,762	
36	9.3%	730,758	1,125,545	

註：1. 未標示單位者，單位皆為元；
　　2. 第1年度年初退休金餘額＝年度生活費用40萬元／首年提領率3.3%；

　　我們把這些數字放到表2中，可以看到這筆退休金可供提領的時間是35年，在不同年齡退休的情境如下：

● **若滿60歲退休，61歲開始提領**：那麼用到96歲那一年就會出現剩餘的退休金不夠提領的狀況，會出現負數。

● **如果滿50歲退休，51歲開始提領**：那麼到86歲的

——以提領率3.3%、投資報酬率4%、通膨率3%為例

可投資之退休金❹ （=❷-❸）	投資總報酬❺ （=❹*投報率）	年末退休金餘額❻ （=❹+❺）
11,721,212	468,848	12,190,060
11,778,060	471,122	12,249,183
11,824,823	472,993	12,297,816
11,860,725	474,429	12,335,154
11,884,951	475,398	12,360,349
11,799,148	471,966	12,271,114
10,137,089	405,484	10,542,573
5,156,434	206,257	5,362,692
4,391,787	175,671	4,567,458
3,567,426	142,697	3,710,123
2,680,090	107,204	2,787,293
1,726,359	69,054	1,795,414
702,652	28,106	730,758
−394,787	−15,791	−410,579

3. 假設年初就將當年度生活費保留下來，不進入投資

時候就會出現負數。

• **如果滿 40 歲退休，41 歲開始提領**：那麼到 76 歲的時候就會出現負數。

所以，延後退休年齡到 60 歲，即便遇上股債展望不佳，又加上高通膨，問題相對會小很多。不過，對於早退族來

表3 在情境2下，退休金可供提領60年以上

年度	生活費提領率❶ （＝前一年❶*個人消 費年增率）	年初退休金餘額❷ （＝前一年末的❻）	年初一次提領生活費❸ （＝1,212萬元*❶）	
1	3.3%	12,121,212	400,000	
2	3.3%	12,190,060	404,800	
3	3.4%	12,256,671	409,658	
4	3.4%	12,320,894	414,573	
5	3.5%	12,382,573	419,548	
10	3.7%	12,646,847	445,333	
20	4.1%	12,872,336	501,753	
30	4.7%	12,465,210	565,321	
40	5.3%	11,027,793	636,942	
50	5.9%	7,959,535	717,637	
60	6.7%	2,358,077	808,556	

註：1. 未標示單位者，單位皆為元；
　　2. 第1年度年初退休金餘額＝年度生活費用40萬元／首年提領率3.3%；

說，就會有問題了。

情境2》將個人消費控制在年增1.2%

接下來我們來看看如果所有假設都不變，但是我們來進行消費的控制，會有什麼變化？

在表3當中，我用3.3%的提領率，和悲觀的4%報酬

——以提領率3.3%、投報率4%、消費年增率1.2%為例

可投資之退休金❹ （=❷－❸）	投資總報酬❺ （=❹*投報率）	年末退休金餘額❻ （=❹＋❺）
11,721,212	468,848	12,190,060
11,785,260	471,410	12,256,671
11,847,013	473,881	12,320,894
11,906,320	476,253	12,382,573
11,963,025	478,521	12,441,546
12,201,514	488,061	12,689,575
12,370,583	494,823	12,865,406
11,899,889	475,996	12,375,885
10,390,851	415,634	10,806,485
7,241,898	289,676	7,531,574
1,549,521	61,981	1,611,502

3. 假設年初就將當年度生活費保留下來，不進入投資

率來做保守試算，但是這次我們不每年隨著通貨膨脹增加3% 的消費，而只允許每年消費比前一年增加 1.2%，那麼退休金竟可供提領 60 年以上，連 40 歲退休的人都能撐到100 歲了。

可以看到「消費控制」對於延長退休金使用年限的功效，這對於早退的族群來說特別重要。

表4 在情境3下，退休金可供提領50年

年度	生活費提領率❶（＝前一年❶*通膨率）	年初退休金餘額❷（＝前一年末的❻）	年初一次提領生活費❸（=1,600萬元*❶）	
1	2.5%	16,000,000	400,000	
2	2.6%	16,224,000	412,000	
3	2.7%	16,444,480	424,360	
4	2.7%	16,660,925	437,091	
5	2.8%	16,872,787	450,204	
10	3.3%	17,841,782	521,909	
20	4.4%	19,010,513	701,402	
40	7.9%	13,569,353	1,266,811	
50	10.6%	2,124,985	1,702,488	
51	11.0%	439,397	1,753,562	

註：1. 未標示單位者，單位皆為元；
   2. 第 1 年度年初退休金餘額＝年度生活費用 40 萬元／首年提領率 2.5%；

情境3》降低提領率至2.5%，提升退休金準備金額

接著，我們再來看一種狀況。如果我還是想要維持每年消費都可以跟得上通貨膨脹率，那我就是多準備一些退休金再來退休，以便在市場不給力的情況下都能維持一定的生活水平，是不是就沒有問題呢？

在表 4 中，我用最悲觀的 4% 報酬率來做保守試算，而通貨膨脹率則改回 3%，但是我的退休金改為用 2.5% 法則

——以提領率2.5%、投資報酬率4%、通膨率3%為例

可投資之退休金❹ （＝❷－❸）	投資總報酬❺ （＝❹*投報率）	年末退休金餘額❻ （＝❹＋❺）
15,600,000	624,000	16,224,000
15,812,000	632,480	16,444,480
16,020,120	640,805	16,660,925
16,223,834	648,953	16,872,787
16,422,584	656,903	17,079,487
17,319,873	692,795	18,012,668
18,309,110	732,364	19,041,475
12,302,542	492,102	12,794,644
422,497	16,900	439,397
−1,314,166	−52,567	−1,366,732

3. 假設年初就將當年度生活費保留下來，不進入投資

來計算：

年度生活費用 40 萬元／ 2.5% ＝退休金 1,600 萬元

因為降低提領率到 2.5%，需要準備的退休金也提升到 1,600 萬元，退休金可供提領的年數則能延長到 50 年，例如 41 歲退休者，退休金可以撐到 90 歲。情境 3 當中，即便多準備了退休金，但是因為消費比較隨波逐流，相對

表5 理想情境下，退休60年後可累積逾8000萬元資產

年度	生活費提領率❶ （＝前一年❶*個人消費年增率）	年初退休金餘額❷ （＝前一年末的❻）	年初一次提領生活費❸ （＝1,212萬元*❶）	
1	3.3%	12,121,212	400,000	
2	3.4%	12,424,485	408,000	
3	3.4%	12,737,474	416,160	
4	3.5%	13,060,593	424,483	
5	3.6%	13,394,276	432,973	
10	3.9%	15,238,037	478,037	
20	4.8%	20,044,777	582,724	
30	5.9%	27,066,471	710,338	
50	8.7%	54,406,275	1,055,525	
60	10.6%	81,437,812	1,286,679	

註：1. 未標示單位者，單位皆為元；
　　2. 第1年度年初退休金餘額＝年度生活費用40萬元／首年提領率3.3%；

於情境1的改善程度，還是不如情境2。

　　從以上3個情境，可看到對於早退族來說，多準備退休金，可能比不上消費的控制，這在市場逆風下特別重要。

理想情境》報酬率達6%，通膨率2%

　　最後我們來讓眼睛吃個冰淇淋，看一下美夢成真的數字。假設股六債四的組合能達到6%的報酬率，而通膨維持溫

——以提領率3.3%、投報率6%、通膨率2%為例

可投資之退休金❹ （=❷−❸）	投資總報酬❺ （=❹*投報率）	年末退休金餘額❻ （=❹+❺）
11,721,212	703,273	12,424,485
12,016,485	720,989	12,737,474
12,321,314	739,279	13,060,593
12,636,110	758,167	13,394,276
12,961,303	777,678	13,738,981
14,760,000	885,600	15,645,600
19,462,053	1,167,723	20,629,776
26,356,133	1,581,368	27,937,501
53,350,750	3,201,045	56,551,795
80,151,134	4,809,068	84,960,202

3. 假設年初就將當年度生活費保留下來，不進入投資

和的 2%，這時即便早退休，因為能坐享複利的果實，40歲退休的人到 100 歲時，竟然會累積到超過 8,000 萬元（詳見表 5）。

你相信這個美夢會成真嗎？這背後要有天時地利人和，世界要一片祥和，市場長期成長（根據指數化投資法的精神，長期來說是這樣沒錯），而你的心臟要很強，到七老八十的時候都要能夠神色自若維持股六債四，沒有從市場

震盪中逃開。

早退族想用4%法則計算退休金，必懂3重點

到這裡，我們看完了 4% 法則，或是 3.3% 法則來計算退休金需要了解的 3 個關鍵，我必須再提醒幾個重點：

重點1》想提早退休需謹慎盤算

4% 法則假設的退休期間是「30」年，所以 60 歲是安全可行的退休年齡，但是如果要提早退休，因為勞保、公保和勞退等累積金額也比較少，必須十分謹慎。

重點2》因應物價上漲，退休後要盡量控制支出

生活消費金額要因應通膨逐年提升，但退休後的生活是幾十年，萬一自己的消費超過了合理通膨的上升率，就會影響退休的安全。特別是，如果退休金算得比較剛好，沒有太多轉圜的空間，那麼持續的記帳和費用控制就很重要。

重點3》退休金一定要投資，最好採取指數化投資法

退休金要投資，並且投資報酬率必須穩定，不然前面的計算也只是紙上談兵。指數化投資雖然還是短期有上上下下的變動，但長期來說，10 年、20 年、30 年，時間愈長，

它的可預測性就愈高，上面的試算也才有意義。因此對於退休來說，採用指數化投資法跟著市場走是最可靠的方式。而如果像我一樣有個股投資，那部分就得自己承擔萬一選錯股而達不到理想報酬率的風險。

　　最後還要額外提醒的是，4% 法則有一個被詬病的點——那就是假設報酬率和提領率每年都一樣，那萬一某年股災來的時候，報酬率達不到，那還能照常吃喝？

　　雖然市場有上有下，但是指數化投資法長期平均下來會有一個預期合理的報酬率，所以基本上是不用太擔心這個問題；特別是如果你已經採用比較安全的 3.3%，甚至是 3% 的提領率，而也保留一定年數的緊急預備金，那就是確保不要在市場動盪的時候急著把投資出脫，導致沒有達成長期的報酬率，那就可以了。

　　另外，根據前面提到晨星這篇報告指出，其實 4% 法則背後可調整的變數很多，例如可以採用變動的提領方式，若當年遇到投資虧損，那麼接著幾個年度就維持原消費，不隨通膨提高，那麼也許連維持 4% 法則的提領率也可行。

　　當然，話雖這麼說，每個人面對市場波動時的心理強度

不一樣，我認為可以把 4% 法則或是 3% 法則當成一個退休金準備的目標，可是當你真的達到的時候，如果能夠抱著上班交朋友的心還是繼續延長工作幾年，應該會讓長壽化之下的退休生活更加安心。

話到這裡還沒說完，我又想到一定有人會問，用這種法則計算退休金，那很多人會擔心的退休後現金流怎麼來呢？

在第 2 章中提過，退休投資應該用總報酬看，採用指數化投資法的話，現金流可以來自保留的現金，或是從每年再平衡之後保留一些獲利下來。在表 5 的理想情境中可以看到，只要投資長期成長，不必擔心沒有錢可以提領。而且，即便是追求總報酬的股票型 ETF 也會配發股息，而債券也會配發債息的。

步驟4》計算財務自由的數字②
現金流派

　　如果你真的不喜歡長期的指數化投資法，還是對於現金流有偏好，以我個人的經驗，也多少能了解有穩定的現金流，還是會給予退休人士一點心安。如果用這個角度計算退休金，那麼 3-3 計算出來的個人退休金準備淨值往往只是一個參考，退休金的準備角度上會更關注在現金流上。

列出退休後的收入與支出，估算現金流缺口

　　表 1 是現金流試算表的範例，你可以自行製作這張表，估算退休後各種可能的現金流來源，並且扣除從 3-2 統計出來的平均每年生活費用，就能知道退休後的現金流缺口，進而了解自己還需要準備多少退休金。

　　例如範例當中，估算退休後的現金流收入每年會有 42 萬 5,000 元，支出則是每年 60 萬元，可以知道會有 17 萬 5,000 元的現金流缺口，那麼只要再增加這筆現金流收入就能補足缺口。

關於費用支出的消費性支出（食、衣、住、行、育、樂等）和非消費性支出（房貸、稅金、保費、孝親費等）就是 3-2 提到的退休後費用估算，如果忘記了請再翻回去看一下。

以現金流回推需準備多少退休金

為了達到一定的現金流，那到底需要準備多少的退休金來投入呢？若是採取股息投資法來創造現金流，估算時我們還是保守一點，並且也假設是有進行股債配置，假設條件為：

1. 透過股票領息的部分，因為個股的投資狀況因人而異，這邊我們用歷史最悠久的高股息 ETF——元大高股息（0056）來試算，它於 2009 年到 2021 年的 13 年間，平均殖利率是 5.32%。

2. 這本書成書的 2022 年，先鋒總體債券市場 ETF（Vanguard Total Bond Market ETF，BND）這檔美國規

註 1：股六債四的加權平均殖利率，計算方式為：「0056 殖利率 5.32×60%+BND 平均殖利率 2.65×40%」；股五債五則取 0056 殖利率 5.32% 及 BND 殖利率 2.65% 的平均值。

表1 將年支出減去年收入，可算出現金流缺口

——現金流試算表範例

大項	小項	每年現金流（元）
收入	股票配息	150,000
	債券配息	30,000
	定存利息	5,000
	勞保、公保年金	240,000
	保單生存保險金	N/A
	房租收入	N/A
	退休後副業收入	N/A
	現金流入小計❶	425,000
支出	消費性支出	500,000
	非消費性支出	100,000
	費用支出小計❷	600,000
現金流缺口＝❷－❶		−175,000

註：若支出高於收入，現金流呈現負值

模最大的債券 ETF 過去 15 年平均殖利率是 2.65%。

我們來看不同股債配置下需要準備的退休金是多少？

• **假設是股六債四**：那麼 0056 和 BND 的加權平均殖利率是 4.25%（註 1），如果 1 年要花 40 萬元，那麼需要準備的退休金就是大約 940 萬元（＝ 40 萬元

/4.25% ≒ 940 萬元）。

• **假設是股五債五**：那麼 0056 和 BND 的加權平均殖利率是 3.99%，如果 1 年要花 40 萬元，那麼需要準備的退休金就是大約 1,000 萬元（＝ 40 萬元 /3.99% ≒ 1,000 萬元）。

如果用領股息的角度算，與前面用 4% 法則算出來的差不多，但比 3.3% 法則算出來的還要少一點，似乎退休變得更容易了。更何況，很多存股族並不會做什麼股債配置，很多人只留幾個月生活費就全部投入股市，例如將所有資金全部投入 0056，領取 5.32% 的平均殖利率，那樣只要大約準備 750 萬元的退休金，就可以年領 40 萬元了。

若只是要補足本篇文章開頭提到的現金流缺口，假設還缺 17 萬 5,000 元，那麼同樣用上述的殖利率，可以算出：

• 採取股六債四的加權平均殖利率 4.25%，1 年要創造缺 17 萬 5,000 元現金流，則需要再準備約 412 萬元。（＝ 17 萬 5,000 元 /4.25%）

• 採取股五債五的加權平均殖利率 3.99%，1 年要創造

缺 17 萬 5,000 元現金流，則需要再準備約 439 萬元（＝ 17 萬 5,000 元 /3.99%）。

留意2風險，以免結果不如預期

雖然前面的段落計算出來的數字讓退休變簡單了，不過這還是要注意幾個風險：

1.需留意物價上漲的影響

這個算法忽略了物價上漲的問題。2022 年猛烈的通膨也許過不久平息下來，大家又會忘記了，但預備每年至少 2% ～ 3% 的生活費上漲仍是需要的，現在覺得 40 萬元很好用，但幾年後這個金額就會不夠了。

2.股息投資法累積的資產，很可能低於指數化投資法

因為看起來股息數字還不錯，有可能消費上會比較放心，而忽略了其實資產成長的速度，很大可能是低於指數化投資法的；如果等到過幾年之後才發現，會不會後悔了？特別是對於還沒退休的人來說，選擇用股息投資法來累積資產，很大的可能是你需要投入的資金會比較多。

表 2 是 2022 年 9 月中回測過去 10 年，比較追蹤大盤

的指數化投資法（以元大台灣 50（0050）為例）和高股息投資（以元大高股息（0056）為例），要定期定額達成 1,000 萬元的退休金，0050 需每月投入約 4 萬 6,500 元，而 0056 則需每月投入 5 萬 7,500 元，等於是 1 個月相差 1 萬元以上，10 年投入金額相差 132 萬元，而**這就是注重股息投資，卻導致在累積退休金時較沒有效率的案例**。雖然過去績效不代表未來，但有很大機會會是如此。

在此插入一個題外話，我想聰明的讀者可能會去比較前後章節的數據，所以我也把第 2 章中所使用的 0050 和 0056 單筆投資的總報酬率換算為年化報酬率放進表 2 當中，你會發現單筆投資的報酬率遠高於定期定額的報酬率。那是因為以 2022 年回推過去 10 年股市長期向上，當然愈早投入愈好，不過這是理論，而實際上的狀況是我們也可能單筆投入在區段的最高點，還沒等到市場向上，就已經覺得心理上過不去了，所以選擇定期定額仍是對於穩健投資人比較推薦的方法。而且，一般在累積期，即使每次一有錢就投入，其實也是不定期不定額的分批投入，而不是真正的單筆投入。

最後還是再度提醒，採取現金流法很容易忽略的資產配置。如果有位 5,000 萬元的高資產族不做資產配置，只留

表2 股息投資法需投入更多，才能累積千萬
——指數化投資法vs.股息投資法

比較項目	指數化投資法	股息投資法
ETF範例	元大台灣50（0050）	元大高股息（0056）
10年內累積到1,000萬元每月約需投入金額（元）	46,500	57,500
定期定額10年年化報酬率（％）	6.03	3.80
單筆投入10年年化報酬率（％）	10.90	6.50

註：1. 資料日期為 2012.09.15 ～ 2022.09.15；2. 定期定額設定為每月 1 日投入，不考慮證券手續費，而配息都再投入
資料來源：MoneyDJ 理財網「ETF 定期定額報酬率試算」、晨星（Morningstar）

幾十萬元生活費，其餘 5,000 萬元全部投入股市也許沒關係，因為就算股票資產腰斬也還有 2,500 萬元，撐一下加減領股息，就算熬個 10 年資產水位才回到原來的水平，也還能過很好的生活。

可是如果資產不夠大，相信像是 2022 年的熊市就是個震撼教育，雖然跌幅不是史上最深，但是長達好幾個月都未見明顯起色，很多人真的會心理上撐不過去。所以，即便是存股也要謹慎考慮資產配置的必要性。

3-6 步驟5》確立儲蓄率＋投資方式 確實執行退休金準備計畫

經過前面的步驟，你應該可以計算出自己的退休金準備缺口。

假設你實在不想要工作到 60 歲，保守用了 3% 法則算出需要 1,333 萬元才能夠 1 年花 40 萬元，可是在定期統計自己的資產時發現差距還很大，又已經步入中年了，那怎麼辦？

在寫這篇文章的時候，我想到 2019 年很火紅的台灣電視劇《俗女養成記》，裡面北漂的女主角陳嘉玲，到了 40 歲終於率性甩掉工作的時候，卻發現存款只有 157 萬元，那該怎麼辦？她的缺口是 1,176 萬元啊！

只工作、不投資，行不行？

最安全的方式當然還是趕快去工作。劇中陳嘉玲很棒的一點是她趕緊 K 書去考外語導遊，人就是要務實啊！雖然

說工作很辛苦，職場也可能很險惡，可是不可能只有 157 萬元就退休，除非你可以馬上回老家去分到什麼家產。

以我來說，我之所以能夠在 49 歲即使意外退休也還能過日子，主要是因為我持續 26 年工作生涯上薪水的複利。如果薪資持續低迷，老闆加薪不給力，一定要努力為自己找出路，適度跳槽換工作是必要的。

工作雖然重要，但是不理財到底行不行？不少人擔心投資理財，對於市場震盪很擔心，有人會想說，與其投資導致損失，不如把錢放在定存，雖然利率低，但是至少不會有虧損。

在《投資金律》這本美國的經典個人理財書裡面，提到所謂的「**短視損失厭惡症（Myopic loss aversion）**」，**指的是太擔心像 2022 年熊市這樣的短期損失，可是對於更嚴重的長期風險卻予以忽略，此處的風險就是達不到累積退休金的目標。**或是，即便你透過工作累積到一筆可以過得去的退休金，也要擔心進入退休期的風險。

假設你想要退休第 1 年有 40 萬元的額度可以消費，也已經透過工作存下 1,333 萬元，這個數字是符合 3% 法則

表1 若退休金僅放在定存，可供提領33年

年度	生活費提領率❶ （＝前一年❶*通膨率）	年初退休金餘額❷ （＝前一年末的❻）	年初一次提領生活費❸ （＝1,333萬元*❶）	
1	3.0%	13,333,333	400,000	
2	3.1%	13,192,000	408,000	
3	3.1%	13,039,680	416,160	
4	3.2%	12,875,990	424,483	
5	3.2%	12,700,537	432,973	
10	3.6%	11,632,234	478,037	
20	4.4%	8,352,384	582,724	
30	5.3%	3,078,131	710,338	
31	5.4%	2,415,149	724,545	
32	5.5%	1,724,416	739,036	
33	5.7%	1,005,088	753,816	
34	5.8%	256,298	768,893	

註：1. 未標示單位者，單位皆為元；
　　 2. 第 1 度年初退休金餘額＝年度生活費用 40 萬元／首年提領率 3%；

比較保守估算的退休金數字。如果退休前沒有投資理財，退休後也不投資理財，只放在定存，那樣會如何呢？我們假設比較理想的情況，那就是定存利率是可以跟得上通貨膨脹率的 2%（2022 年 9 月 15 日台灣銀行 1 年期定期儲蓄存款機動利率是 1.215%）。

　　在以上條件下，1,333 萬元的退休金可以提領 33 年才

——以3.3%提領率、投資報酬率2%、通膨率2%為例

可投資之退休金❹ （=❷-❸）	投資總報酬❺ （=❹*定存利率）	年末退休金餘額❻ （=❹+❺）
12,933,333	258,667	13,192,000
12,784,000	255,680	13,039,680
12,623,520	252,470	12,875,990
12,451,507	249,030	12,700,537
12,267,564	245,351	12,512,916
11,154,197	223,084	11,377,281
7,769,660	155,393	7,925,053
2,367,793	47,356	2,415,149
1,690,604	33,812	1,724,416
985,381	19,708	1,005,088
251,272	5,025	256,298
−512,595	−10,252	−522,847

3. 假設年初就將當年度生活費保留下來，不進入投資

會用光（詳見表1），好像也不太差？但這樣的問題是你得年年看著退休金下降；萬一勞保果真改革，退休勞工更少了依靠，那一定會影響退休後的心情。

再說，如果沒有養成投資理財的習慣，萬一中年遇上職場危機或健康危機而必須提早離開職場，那退休金到了7、80歲的時候很大的機率會出問題。這就是「短視損失厭惡

257

症」的風險。該做的其實是小心謹慎、慢慢投入，而非不理財、不投資。

我覺得與其追求破產上天堂，更優先要追求晚年能夠不破產、無憂過日子。光只靠工作的話，中年人得開始思考工作不是不可能有變數。而就算在職場發光發亮不用愁，這年紀再過幾年就會看到身邊的同齡親友開始身體出狀況，財務面仍然得同時安排好。

只投資、不工作，行不行？

我覺得劇中的陳嘉玲有點太浪漫的是，在很潦倒的時候，買下小時候常去的「鬼屋」又裝潢，她大概覺得去從事導遊就又有固定收入了。可是劇中沒有演到現實生活中，可能會發生像是疫情來了，而使導遊工作中斷的這種事。

如果她僅有的 157 萬元不要拿去買房子，先住在父母家，把錢好好投資理財，說不定搭上 2022 年股災來之前幾年的行情好，資產就翻倍了。

不過只有 157 萬元，就算陳嘉玲能夠異於一般多數人，真的能夠做到長期指數化投資股六債四的組合，這樣到她

60 歲時能擁有多少錢呢？（以下兩種情境的報酬率，是沿用 3-4 的表 1「資產配置型 ETF 回測過去 10 年年化報酬率」而來）

• **假設以保守的報酬率 5.82% 計算**：40 歲到 50 歲的 10 年期間，假設不吃不喝，雖然 5.82% 年化報酬率就能讓資產快翻倍，157 萬元會變成 276 萬元，20 年後到 60 歲就會有 487 萬元，那還是不可能過安穩的退休日子。

• **假設以積極一點的報酬率 8.81% 計算**：40 歲到 50 歲的 10 年期間，假設不吃不喝，157 萬元會變成 365 萬元，20 年後到 60 歲就會有 850 萬元，看起來好像還不錯？可是不吃不喝不可能，而且距離可以退休的金額還是有落差。

總之，本金太小，不可能讓不能退休變可能，中年之後也千萬別因為這樣就去投入什麼不懂的虛擬幣。

另外，也許陳嘉玲買房是對的。到了這年紀如果還沒有買房，有一筆錢的時候可能會猶豫是要拿來買房或投資理財。這一題我看過理財達人熱烈討論，我自然不可能自以為能在這本書提出一個標準答案，台南後壁鄉下老鬼屋也

有可能會有價值翻好幾倍的潛力也不一定，到年紀大一點也許可以把增值的房子賣掉換去住養老院。

不過，現在除了鄉下鬼屋應該買不到 157 萬元的房子，光是頭期款就是需要累積一桶金的理財問題。中年買房實際要考慮的狀況有很多，例如説，是不是真能有一份穩定、可以持續地繳還 20 年房貸的工作？

如果能有穩定的工作，我個人的選擇會是優先買間房，畢竟房子也是未來可以變現的退休資產。若地點可以符合銀行要求的話，老後可以辦理以房養老換取生活費。

這個問題就表達至此，接下來我還是來展示中年之後，如何理財的可能性。

若離退休還有好幾年，退休金目標需考慮通膨

如果已經到了 40 好幾，還沒有認真想過退休金的事怎麼辦？

説到 40 歲的陳嘉玲存款只有 157 萬元，看起來應該要好好工作加理財。那應該怎麼進行呢？

首先，有一個觀念要先釐清，如果你距離退休還很久，未來的退休金目標必須依照通貨膨脹率計算過。例如退休第 1 年要花 40 萬元，用 3% 法則算是需要 1,333 萬元的退休金，那是以現在這個時間點的狀況來計算。如果你再過幾年就要退休，那差異不大；可是假設陳嘉玲距離退休還會有 20 年的時間，20 年後累積到 1,333 萬元的時候，那 1,333 萬元也變薄了。

下面我們就來舉 3 個不同年齡開始準備退休金的範例。請注意，這些範例是拆解步驟，讓讀者了解在計算退休金時需考慮通貨膨脹率。實際上你自己可以不用像我這樣繁瑣地計算，只要參考文末圖解操作中的「預估需準備的退休金及每月應投資金額」步驟，應用網路上的資源，簡單輸入設定的條件後，很快就能獲得解答。

範例1》40歲開始理財

① **距退休 20 年，退休首年所需生活費約 59 萬元**：假設 40 歲開始理財，並以通貨膨脹率 2% 計算，那 20 年後需要的 40 萬元生活費會變成 59 萬 4,379 元。（ = 400,000×（1 + 2%）^20）

② **計算退休準備金需要 1,800 萬元**：換算好 60 歲退

休第一年會需要 59 萬 4,379 元的生活費，就能用 3.3%
法則算出當年需要的退休準備金，差不多是 1,801 萬元。
（＝ 594,379/3.3%）

**③ 投資方式》現有 157 萬元＋每月投資 3 萬元，年報
酬率 6%：**如果陳嘉玲採用比較保守的股六債四的資產配
置方式投入，假設投資報酬率用理想的 6% 計算：

- 目前有的 157 萬元一筆投入，20 年後會有 504 萬元。
- 每個月如果可以從工作中省下 3 萬元，每年投入 36
萬元，這樣持續 20 年後，會有 1,393 萬元。

這樣等到陳嘉玲 60 歲的時候，就會累積到 1,897 萬元，
可以達成存到退休準備金的目標。

範例2》早5年，從35歲開始理財

① 距退休 25 年，退休首年所需生活費約 66 萬元：假
如現在陳嘉玲才 35 歲而已，就懂得提早開始。同樣假設
通貨膨脹率是 2%，那麼 25 年後需要的生活費會變成 65
萬 6,242 元。

② 計算退休準備金需要 1,989 萬元：用 3.3% 法則計

算 25 年後需要的退休金是 65 萬 6,242 元，等於 60 歲退休時需要的是 1,989 萬元。

③ 投資方式》現有 157 萬元＋每月投資 2 萬元，年報酬率 6%： 35 歲的陳嘉玲如果可以每個月投入 2 萬元，過了 25 年到 60 歲的時候會有大約 1,393 萬元，連同原來的 157 萬元每年增值 6%，25 年後成長為 674 萬元的部分，總共就可以有 2,067 萬元，已經可以超越退休準備金的目標。

為什麼有些人薪資並不怎麼高，可是到中年之後一樣可以累積出財富，那就是他們比別人早開始懂得複利的意義，也能有紀律為中年之後的幸福去執行。

範例3》晚10年，從50歲開始理財

① 距退休 10 年，退休首年所需生活費約 49 萬元： 假如現在陳嘉玲已經 50 歲，而且通貨膨脹率是 2%，那麼 10 年之後需要的 1 年生活費 40 萬元，就會變成 48 萬 7,598 元。

② 計算退休準備金需要 1,478 萬元： 再用 3.3% 法則計算，那麼 10 年後需要的退休金大約是 1,478 萬元。

**③ 投資方式》現有 157 萬元＋每月投資 7 萬元，年報
酬率 6%**：50 歲的陳嘉玲如果每個月要投入 7 萬元，過了
10 年到 60 歲的時候會有大約 1,153 萬元，連同原來的
157 萬元每年增值 6%，10 年後成長為 281 萬元的部分，
加起來可以達到 1,434 萬元，接近達標。

以上範例中每月需投入資金簡化以整數概算，讀者可用
本節後面圖解操作提供的 MoneyDJ 連結依自身狀況試算。

其實不用說也知道，愈晚開始準備退休金，每月投資的
金額就要提高；反之亦然（詳見表2）。因此，快到退休
年齡才發現退休金不夠怎麼辦？除了工作和理財雙軌並行，
別無他法。現在的人晚婚，到 50 歲的年紀可能正是上有
高堂下有青少年子女；甚至小孩獨立得晚，還可能是在支
持成年子女的階段。如果到了 50 歲而退休準備金還不足，
那仍是要務實的面對。貿然提早退休，或是把提早退休當
目標而形成一種壓力，那就是本末倒置。

達成財務自由以便需要的時候能夠提早退休，這可以作
為努力的目標，當成是為中年職場危機而做的保險；未來
也許會有更多非辦公室上班的型態，但在高齡化的社會下
完全不工作、不再有收入的提早退休，我認為這絕不可能

表2 愈早開始投資，每月投資金額愈低

——不同投資起始年齡退休金累積比較表

開始投資年齡（歲）	距離退休年數（年）	60歲需有的退休金（元）	現有資金（元）	退休前應每年新投入資金（元）
35	25	1,989萬	157萬	2萬
40	20	1,801萬	157萬	3萬
50	10	1,478萬	157萬	7萬

註：以預計 60 歲退休，退休第 1 年生活費現值 40 萬元、通膨率 2%、年投資報酬率 6% 計算

會是未來社會的常態。

以我自己來說，雖然我的退休金看起來還算可以，可是我剛退休的時候危機意識還是很高，在低潮中我嘗試了部落格的工作，才會有今天寫書的機會。雖然我不算十分努力，可是退休 5 年以來持續不斷寫部落格文章，才有機會無中生有，幫自己創造了一份小工作，誰知道？說不定日後對於進一步補強我的退休金也可能會有小小的貢獻。

提高儲蓄率，比提高報酬率更重要

在算出每月應該存到多少錢之後，就可以開始每個月的投資計畫了；但如果你還無法每月拿出足夠的錢，仍得想

辦法從薪水當中存下一筆錢來投資。存下薪水的多少是適合的儲蓄率？美國有說 15%，也有說如果想 FIRE 提早退休，那應該要存下薪水的 50%，甚至是極度節儉的 70%。

美國還有一個 50/30/20 法則，那就是薪水的 50% 用來支付生活必需支出，30% 做一些可以斟酌的消費，畢竟還是很難節省到滴水不漏；同時至少應該保留 20% 做儲蓄。

那麼不同的儲蓄率或儲蓄金額，對於達成退休金目標的影響是如何呢？我們用全國平均的薪資水平來試算看看。根據行政院主計總處 2020 年「工業及服務業受僱員工全年總薪資分布」顯示：

• 40 ～ 49 歲：平均每月 7 萬 5,000 元，中位數約 5 萬 7,000 元。
• 50 ～ 56 歲：平均每月 7 萬 6,000 元，中位數約 5 萬 3,000 元。

我們用月薪 6 萬元來計算 20% ～ 60% 共 5 種儲蓄率之下，要多久可以達到 1,000 萬元（詳見表 3）？針對報酬率的部分，我們使用前面提到過的，不景氣的時候股六債四的悲觀情境 5.8%，和樂觀情境 8.8%，也試算一個很悲

表3 想更快存千萬，提高儲蓄率勝於報酬率
——不同儲蓄率、報酬率下對存退休金影響

儲蓄率 （%）	每月儲蓄 （元）	每月可以消費 （元）	達到1,000萬元年數（年）		
			4%報酬率	6%報酬率	8%報酬率
20	12,000	48,000	33	27	24
30	18,000	42,000	26	22	19
40	24,000	36,000	22	19	17
50	30,000	30,000	19	16	15
60	36,000	24,000	16	15	13

觀的 4% 看看，為了方便起見，全部取整數。從表 3 中可以看到：

1. **當儲蓄率（或儲蓄金額）比較低時，報酬率高低對於達成退休金目標影響會較大**：當儲蓄率為比較低的 20% 時，若報酬率僅 4%，那麼需要 33 年才能達到 1,000 萬元的退休金目標，而如果提高報酬率為年化 8%，那麼僅需要 24 年。因此，**對於小資族來說，選擇追求總報酬的指數化投資法，而非著重領配息但犧牲總報酬的股息投資法，就更為重要**。不過，也千萬不要看到這裡而因此去做不必要的冒險投資。特別是當市場低迷時，可以安全提高報酬率的方法其實也不存在，安全的方式是「提高儲蓄率」。

表4 退休第1年就遇上熊市，38年後退休金將不夠用

年度	生活費提領率❶（＝前一年❶*通膨率）	投資報酬率❷	年初退休金餘額❸（＝前一年末的❼）	年初一次提領生活費❹（＝1,212萬元*❶）	
1	3.3%	-30%	12,121,212	400,000	
2	3.4%	6%	8,204,848	408,000	
3	3.4%	6%	8,264,659	416,160	
4	3.5%	6%	8,319,409	424,483	
5	3.6%	6%	8,368,622	432,973	
10	3.9%	6%	8,512,578	478,037	
20	4.8%	6%	8,000,504	582,724	
30	5.9%	6%	5,497,012	710,338	
31	6.0%	6%	5,073,875	724,545	
32	6.1%	6%	4,610,290	739,036	
33	6.2%	6%	4,103,529	753,816	
34	6.3%	6%	3,550,696	768,893	
35	6.5%	6%	2,948,712	784,270	
36	6.6%	6%	2,294,308	799,956	
37	6.7%	6%	1,584,013	815,955	
38	6.9%	6%	814,142	832,274	

註：1. 未標示單位者，單位皆為元；
　　2. 第1年度年初退休金餘額＝年度生活費用40萬元／首年提領率3.3%；

　　2. **當儲蓄率（或儲蓄金額）比較高時，報酬率高低對於達成退休金目標影響就會降低**：當儲蓄率為較高的60%時，若報酬率僅4%，那麼只需16年可達到1,000萬元的退休金目標，而若提高報酬率為年化8%，只能縮短3年，

——以3.3%提領率、通膨率2%為例

可投資之退休金❺ （=❸-❹）	投資總報酬❻ （=❺*投報率）	年末退休金餘額❼ （=❺+❻）
11,721,212	-3,516,364	8,204,848
7,796,848	467,811	8,264,659
7,848,499	470,910	8,319,409
7,894,926	473,696	8,368,622
7,935,649	476,139	8,411,788
8,034,541	482,072	8,516,613
7,417,779	445,067	7,862,846
4,786,674	287,200	5,073,875
4,349,330	260,960	4,610,290
3,871,254	232,275	4,103,529
3,349,713	200,983	3,550,696
2,781,803	166,908	2,948,712
2,164,441	129,866	2,294,308
1,494,352	89,661	1,584,013
768,058	46,083	814,142
−18,132	−1,088	−19,220

3. 假設年初就將當年度生活費保留下來，不進入投資

表示這時在投資上冒險取得更高的報酬，對縮短達成年限的幫助不大。值得高興的是，這等於是説，**當市場低迷而報酬率降低，其實對於退休金目標的達成年數，影響不如想像中大，只要你能提高儲蓄率，也能待在市場長期投資。**

表5 退休第6年遇上熊市，46年後退休金將不夠用

年度	生活費提領率❶ （＝前一年❶* 通膨率）	投資 報酬率 ❷	年初退休金餘額❸ （＝前一年末的❼）	年初一次提領生活費❹ （=1,212萬元*❶）	
1	3.3%	6%	12,121,212	400,000	
2	3.4%	6%	12,424,485	408,000	
3	3.4%	6%	12,737,474	416,160	
4	3.5%	6%	13,060,593	424,483	
5	3.6%	6%	13,394,276	432,973	
6	3.6%	-30%	13,738,981	441,632	
7	3.7%	6%	9,308,144	450,465	
10	3.9%	6%	9,536,589	478,037	
20	4.8%	6%	9,834,352	582,724	
30	5.9%	6%	8,781,155	710,338	
40	7.1%	6%	4,961,171	865,898	
45	7.9%	6%	1,266,411	956,021	
46	8.0%	6%	329,014	975,142	

註：1. 未標示單位者，單位皆為元；
　　2. 第1年度年初退休金餘額＝年度生活費用40萬元／首年提領率3.3%；

　　在了解投資報酬率的目標，以及該如何計算每月需要投入的退休準備金之後，綜合到目前為止的討論，**希望你可以明智地在指數化投資法和股息投資法之間做一個選擇，用最有效的方式來達成你的退休金目標，並且盡量提高儲蓄率。**

──以3.3%提領率、通膨率2%為例

可投資之退休金❺ （＝❸－❹）	投資總報酬❻ （＝❺*投報率）	年末退休金餘額❼ （＝❺＋❻）
11721,212	703,273	12,,424,485
12016,485	720,989	12,737,474
12321,314	739,279	13,060,593
12636,109	758,167	13,394,276
12961,303	777,678	13,738,981
13297,349	-3,989,205	9,308,144
8857,679	531,461	9,389,140
9058,552	543,513	9,602,065
9251,627	555,098	9,806,725
8070,817	484,249	8,555,066
4095,273	245,716	4,340,990
310,390	18,623	329,014
−646,128	−38,768	−684,896

3. 假設年初就將當年度生活費保留下來，不進入投資

退休時竟迎來大熊市，如何提前因應？

　　結束第 3 章前，我想再做一個關於進入退休期後的提醒。當你開始執行退休準備計畫並且順利達標了，有可能市場跟你開個大玩笑，就在快要退休前，或是才剛退休的時候，

271

像 2022 年這樣，來了個大熊市。這就是所謂的報酬順序風險（Sequence of Return Risk），意思是説雖然股市長期向上，但是熊市來錯了時間，就在你最需要安定的退休初期來了個糟糕的意外。

因為未來市場不可預料，這邊我僅用假設的極端狀況來説明。假設退休第 1 年投資組合股債皆跌，結果第 1 年就跌掉 30%，而第 2 年開始並沒有完全收復失土，只是回到合理的報酬水位 6%。從表 4（p.268）可以看到，這種情況會使得 40 和 50 歲退休的人，過了 38 年後，到了 78 和 88 歲的時候，錢就不夠用了。

表 5（p.270）呈現的狀況是其他條件和表 4 都相同，只是熊市晚一點發生在第 6 年。可以看到，這種情況會使得 40 和 50 歲退休的人，過了 46 年後，到了 86 和 96 歲的時候，錢就不夠用了；但是已經比表 3 的狀況延後 8 年。因此，**在退休生活中愈晚發生的熊市影響會愈小。**那要怎樣因應這種發生在退休早期的報酬順序風險呢？

1. 不要太早把勞保領出來，雖然擔心勞保財務問題，但是投資也可能遇上不測，盡量保留這些社會保險制度提供的保障，作為退休財務的最後防線。

2.退休金不要算得剛剛好,保留一些耐震的空間。

3.退休初期採取較節省的消費,為意外做好準備,後續隨退休時間經過再慢慢放寬。

4.換屋、換家具電器等大額支出盡量在退休前完成。

5.採取「3 桶金配置法」,隨時保留足夠 2 ～ 3 年生活的現金,避免在市場低迷時需要賣掉投資才能生活。

6.避免舉債投資,以免投資跌價時還要負擔利息支出。

7.不要擇時進出,但要把握熊市的再平衡機會。

8.檢視投資的費用率,當市場跌價時,高額管理費將是雪上加霜。

9.退休金如果是因為投資有成累積而來,記得在退休前配置一些安全的部位,保持戰果。

圖解操作》 預估需準備的退休金及應投資金額

Step1

由於這個試算工具會考慮通膨的影響，因此我們只需要用現在認為退休第 1 年需要的生活費，去計算退休準備金即可，假設為 40 萬元：

退休準備金＝退休第 1 年需要的生活費 /3.3% ＝ 400,000/3.3% ＝ 12,121,212 元。

Step2

再來，利用網路上的免費資源，只要輸入條件，就能快速試算每月需投資多少錢。此處以鉅亨網旗下基智網提供的「理財規劃」試算工具（www.moneydj.com/funddj/yb/YP503003.djhtm，QR Code 如右）為例。

依序輸入以下條件至對應欄位：

❶「預定在幾年內達成目標」：也就是投資年數，為 20 年。

❷「目標所需金額」：填入剛剛算出所需的退休準備金 1,212 萬 1,212 元。

❸「預估通貨膨脹率」：輸入 2%。

❹「目前已有現金」：手邊已有在投資的部位假設為 157 萬元。

❺「預估年報酬率」：設為 6%。

點選❻「試算結果」即可看到，為達到目標，每個月必須投資❼ 2 萬 8,479 元。而估計 20 年後，已有的 157 萬元加上未來每月投資的錢，共能累計到❽ 1,801 萬 1,483 元。

除了透過網頁計算，我也特別準備了「退休規畫工具包」，可至本書附錄 1 掃描 QR Code 下載免費試算表。關於本文提到「現在的一筆錢，等於未來多少錢？」「固定每月存一筆錢，未來能累積到有多少錢？」「有了退休金目標後，計算每個月需要存多少錢？」「需要幾年可以達成退休金目標？」只要自行輸入數字，就可看到 Excel 試算結果。

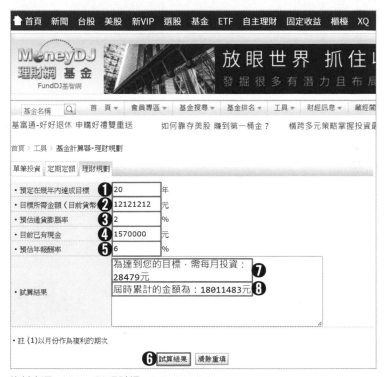

資料來源：MoneyDJ 理財網

實戰分享
完善計畫的最後拼圖

4

了解潛在5類風險
避免退休美夢一場空

4-1

接下來,我想分享除了退休金的準備之外,關於退休,你還應該知道的事。首先,是關於退休後會面臨哪些風險?白話説,就是哪些事發生的話,可能會毀了美好的退休生活夢?

經營部落格這幾年來,偶有讀者朋友問我「是不是有1,000 多萬元就可以退休了?」希望在閱讀完前面的章節之後,你已經知道如何估算自己的退休目標神祕數字。

以前講「千萬富翁」,1,000 萬元當然是個很棒的人生里程碑,如果 1,000 萬元是經過仔細閱讀前面章節費用估算出來,已經有一一檢查過我列出來需要考慮到的退休費用項目,也了解 4% 法則的背後精神,可以堅持執行穩健的資產配置理財計畫,也能同時量入為出,控制消費,那樣當然很棒。

但是我仍然要來潑一盆冷水,因為我發現人在工作的不

278

愉快到達頂點之下，傾向把退休後的花費想得比較容易，覺得自己不會那麼倒楣，那些意外的費用不會發生在自己身上。就像我當年離開職場，更是完全沒有盤算過。

多數人想到退休的時候，會想到是人生的大解放；但是過了 50 歲後，自己和周圍的朋友身體多少有些毛病。新聞也不乏有這樣的報導，像是救人無數的醫生，自己也會失智或中風。有可能一個意外，就把前面我寫了很多頁的達成財務自由的努力、精心描繪的美好生活，全都變成一場空。

雖然不少我的部落格讀者，對於我退休後不用工作就能悠遊生活表示羨慕。但是如果有仔細閱讀我的部落格，應該可以感覺到，我寫理財文章的時候，比較常提到問題和風險，多過於討論如何賺錢。

以下我參考美國精算協會一份題為「管理退休後的風險：安心退休攻略（Managing Post-Retirement Risks: Strategies for a Secure Retirement）」的報告，再依據我對台灣退休狀況的了解，重新整理分類出以下這些確確實實我也觀察到的，而我自己也要面對的退休後風險，一共有 5 大類型、14 道風險。

類型1》經濟風險

這一類風險在第 2 章和第 3 章中也有提到，但是為了完整描述退休後的風險，在這裡還是再次做說明，也要特別強調。

① 通貨膨脹風險，或是科技／醫學進步的風險

以台灣來說，雖然過去幾十年來，除了 1989 年到 1996 年消費者物價指數年增率曾經連續數年超過 3% 之外，更多的年份是低於 2% 的物價溫和上漲年代，嚴重的物價上漲風險可能幾乎被遺忘。直到 2022 年因為疫情導致供需失衡而引起的通貨膨脹，才讓大家驚覺物價對於退休規畫可能的影響，真的什麼東西都變貴了。

即便因為物價上漲的情況，過一段時間得以被控制下來，但生活的總花費卻還是可能大幅提高。

像是科技與醫學的進步，為我們帶來更便利的生活，卻也提高了生活成本。古早的年代沒有手機，但現在手機是必備品。我去上以退休人士為主的手機攝影課的時候，有次老師調查同學們使用的手機品牌，我看有 1/3 到 1/2 的同學是用 iPhone，我本來很節省用 ASUS，也因為這樣

跟著升級我的設備。

以前很多病沒藥醫，現在小小一顆牙的顯微根管治療，就可以輕易花掉我 5 萬元，幾年前我還不知道有「顯微」根管這東西。

像這樣隨著時代的進步，生活費用會提高，算好的退休金很可能會不夠用，這也是為什麼在 3-4 有關 4% 法則的說明中，我會特別使用不同通貨膨脹率試算對退休金影響的原因。

如果你計畫在好幾年後退休，就必須認真考慮物價上漲的問題，要規畫一個能適度消費、娛樂以及享受人生的退休生活。如果退休後過得太緊迫，那不如想辦法延長職涯，會讓心情踏實一點。

② 利率風險

對於退休後想倚賴固定收益工具的朋友，更需要注意利率風險的問題。

前面提過，我的父親和公公在古早的年代，不必費心理財，只需要靠定存就可以過退休生活。我父親 60 歲的時

候是 1992 年，那年定存利率高到 8%，當然物價上漲率最高也有到 6%，兩者相減，實質利率是也只有 2% 沒錯，不過當年大概只要生活型態稍微節省就能安然度過。但是到了 2009 年之後，1 年期定存利率就開始連 1.5% 都沒有了。

至於習慣做股債配置的美國人呢？美國 10 年期政府公債利率在 1980 年代曾經有高達 15% 的時刻，到了 2020 年卻有段時間甚至連 1% 都不到（詳見圖 1），要靠固定收益工具過日子，就必須了解這樣的風險。不過，這並不是在宣判債券死刑，我要說的只是必須了解這樣的狀況。

2-7 說過債券價格與利率呈現反向關係，以近幾年為例：

• 2020 年：新冠肺炎（COVID-19）疫情衝擊股市，為挽救經濟，利率降至低點，債券的價格上漲到相對高點。

• 2022 年：為抑制通膨，開始升息，債券價格又大幅度下跌。這時候如果你還能有新錢投入，就能逢低買入比較高殖利率的區段。

升息和降息會不斷反覆出現，只要你持有不賣，等降息

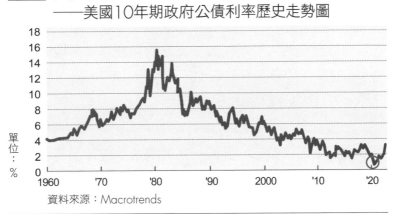

圖1 **美國公債利率2020年曾一度＜1％**
——美國10年期政府公債利率歷史走勢圖

單位：％

資料來源：Macrotrends

的時候，低價買入的債券就會升值。

　　另外，美國精算師協會的文章中特別提醒，退休族要特別避免為了配息高去賞高風險的債券，例如信用評等比較差的非投資等級債，雖然看起來配息相對高，但是倒帳風險也高，且價格波動有如股票。另外，也要注意退休之後避免持有太多隨利率變化、波動比較大的長天期債券。

③ 投資風險

　　像是 2020 年 COVID-19 疫情爆發之後，因為各國政府撒錢救市，股市一片大好，那時候氣氛上真像是傑克的魔

豆,出現了很多股神,跟著一直往上爬都快要穿過雲霄了還不見盡頭。

當時大部分的人認為,資金就是有這麼多,所以欲跌不易。但在 2022 年,熊市降臨,不少人摔了一跤。這對於已經進入退休期的人來說影響巨大。

我自己則因為保守,很長一段時間做了持有 5 成定存,不怕被人笑的呆瓜。雖然一般認為保留 6 個月～ 3 年生活費的現金應該就安全,但是你可以用 2022 年的熊市測試自己的心理強度;進入退休期後,也許保留 5 年～ 10 年生活費的定存等低風險工具,都不為過;雖然股市長期向上,但是要確保不會中途被三振出局。以本書 3-4 當中提到晨星提出以 3.3% 法則取代 4% 法則的報告來說,背後假設的資產配置就是比股六債四更保守的股五債五。

④ 匯率風險

最好的投資工具在美國,但是畢竟大部分人的生活圈在台灣,所以投資國外 ETF 的時候,還是該思考一下,是否真的要把全部的身家換成美元?

約翰·柏格(John Bogle)不建議美國人投資海外股市

的原因之一，就是提醒大家要留意匯率風險。當然美元是強勢貨幣，對台灣人來說已經是最安全的外幣，但我還是提出來，讓大家可以思考一下配置的比率，像我自己就不會讓外幣資產配置超過 5 成。

另一個極端的例子是在社群媒體的理財群組看到不少人投資了南非幣計價的配息基金，而原因是想獲取南非幣產品的高配息。投資一個財務不佳國家的貨幣，更是退休規畫中最好避免的事。

雖然很多大賺的故事背後是重壓高風險投資，但是人各有命，一般人的退休規畫還是使用盡量簡單的工具，跟隨市場大盤，股債均衡配置，分散投資為上吧！

類型2》健康風險

⑤ 長壽風險

我把長壽風險放在健康風險的類別當中，和下面的醫療費用、長期看護費用的風險對稱，這是過了中年之後才會開始體會到的人生的兩難。

長命百歲是個討喜的祝賀詞，但同時，真的長命百歲也

要看有沒有那個錢可以生活，有沒有朋友可以說說話；晚輩如果沒有也長命百歲，那樣還要能夠學會一個人過著人瑞生活。

有幾個方法可以在財務面應對長壽風險的問題：

• 在計算退休金的時候，不用 4% 法則，改用 3% 法則，保守估計退休金，並且控制消費，就可以延長財務上支應長壽的可能。

• 投保年金保險，不過目前市面上的保單預定利率都還很低，可以依據利率調整的狀況再觀察看看。

• 延長工作年限就可以降低退休後用錢的年數，所以長壽的日本人現在是鼓吹「人生百歲」，大家都要工作到 65 歲，甚至 70 歲，能夠有退而不休的能力，在退休後也能夠有收入是最理想的。

曾經有朋友 50 幾歲罹患心臟病裝支架，跟我說他擔心自己活不了太長，想要早點把勞保年金領出來；但像是我的公公 70 歲出頭時心臟也裝支架，幾度十分緊急送醫，但按時服藥之下，又安然度過 20 幾年，身體還很健康。

現代醫療進步，長壽可能會超出我們自己的想像。

⑥ 醫療費用風險

在 3-2 提到費用預估的時候，我們也有提到要預估醫療費用，在預估時我們可能不會烏鴉嘴，幫自己估算太高額的費用。但退休後實際看到的是，不少人會在像是癌症的新式治療上花了超乎預期的錢，例如細胞療法、免疫療法等，可以輕易地花掉幾百萬元的費用。

生大病時，很容易心急之下，將所有最好的治療方法都用上，但是也應考量預算；在日本的下流老人中有些案例，就是因為在醫療上消耗太多退休金導致。

我有個朋友為了名醫到一家醫院接受治療，那家醫院很搶手，但是住院費也很高，因此大家都優先搶兩人以上的病房。我的朋友因為需要化療，所以定期需住院，結果常常排不到兩人以上的病房，好幾次只能住 1 天 6,000、7,000 元的單人病房，一邊擔心病況，又一邊心在為住院費淌血。

中年之後，最好有固定看診的診所和大醫院。去的醫院除了打聽醫生之外，最好從頭到尾估算一下費用，萬一需

287

要長期治療的時候，才能符合自己的能力安心治療。

　　能夠的話，趁身體健康時可購買醫療險、癌症險、重大疾病險；再有餘裕的話，長照險、失能險也可以考慮，將傷病的風險轉嫁給保險公司。不過買保險的風險是，有可能都買了，但「猜錯題」賠不到；像是我以前工作忙，連我這專業人士也會因為人情而糊里糊塗投保了還本型的住院醫療險，退休後仔細看，才發現性價比很低，且還在繼續繳費，感覺很嘔。因此，當預算有限的時候，要注意不要為了支付保費而過度排擠生活品質。

⑦ 長期照護風險

　　根據世界衛生組織推估，長期照護潛在需求為 7～9 年。而觀察台灣衛福部近 15 年的統計，國人不健康平均存活年數約莫在 8 年左右（詳見表 1），所謂不健康存活是指需依賴他人才能存活的狀態，例如臥床、生活無法自理等。假設每年需支付照護費用 40 萬～ 50 萬元，那麼 8 年就需要支出 320 萬～ 400 萬元。

　　我娘家的父母是癌症病逝，父親臥床僅 1 個多月，但遠親中的確有長輩臥床非常多年。所以說要「破產上天堂」也不容易，這筆長期照護費用最好還是納入預估退休費用，

表1 國人不健康餘命約為8年
——國人零歲平均餘命、健康及不健康平均餘命統計

年度	零歲平均餘命 （年）	零歲健康 平均餘命（年）	零歲不健康 平均餘命（年）
2006	77.90	70.23	7.67
2007	78.38	70.36	8.02
2008	78.57	70.49	8.08
2009	79.01	70.78	8.23
2010	79.18	71.02	8.16
2011	79.15	70.83	8.32
2012	79.51	71.56	7.95
2013	80.02	71.78	8.24
2014	79.84	71.58	8.26
2015	80.20	71.87	8.33
2016	80.00	71.83	8.17
2017	80.39	72.07	8.32
2018	80.69	72.28	8.41
2019	80.86	72.39	8.47
2020	81.32	73.28	8.04

註：不健康餘命是以「零歲平均餘命」減去「零歲健康餘命」計算而來。健康餘命指身體健康不需依賴他人的期望平均存活年數
資料來源：國家發展委員會人口推估統計查詢系統、衛生福利部統計處

用不到的時候就留給家人或公益團體吧！看似沉重，但可以安慰一點的是，如果有用比較保守的退休金估算法，像是 3% 法則，也有使用指數化投資法比較能掌握長期報酬，

那樣到年紀大的時候，資產應該是足夠支應這筆費用的。

又或是，如果像我的龍頭股股息投資沒有破功，那到時累積成長的股息應該足以支應。這就好比是一般的生活費一樣，並不是額外的費用，因為如果進入長期看護狀態，我就不會去出國遊山玩水，也不會去交際吃大餐了。

有需要因此投保長照險嗎？如果有錢就投保，多多益善，但如果有預算限制的話，我會優先把指數化投資或股息投資先架構起來。畢竟萬一還沒失能之前退休生活就已經出問題，也是一大風險；而先把理財弄順之後，也就相對不需要太擔心這筆費用的問題。

類型3》家庭風險

⑧ 婚姻風險

另一半除了是老來伴，也是法律上與經濟上的生命共同體，雖然多數人不願去想不好的狀況，但是務實的規畫卻很重要。

另一半有沒有財務問題？例如借款？萬一對方有什麼意外，會不會成為自己要獨自挑起的重擔？這種情況之下，

保險是最好的轉嫁風險工具。決定退休之前，務必和另一半商量好保險的規畫。

另外，決定退休的人，最好是不靠配偶也能過日子再退。比較容易發生在女人身上的問題是，也許覺得老公還在上班，就比較容易放棄工作。但人生很長，我遇過不止一位中年女性朋友告訴我想離婚，萬一中年婚姻拉警報，保有獨立的能力，才不會因經濟居於弱勢而壓抑。除了保護自己外，經濟上的平等，對於維持婚姻也是健康的正面因素。

⑨ 其他家庭成員的風險

有些費用可能是規畫退休時沒有想過，但是退休後突然冒出來，例如老人家堅持開車上路，卻造成別人的死傷。

2019 年在日本就有個大新聞，有位年近 90 歲的老先生在東京池袋開車，撞死一對母女，還有十幾個路人受傷，肇事者不是不懂事的暴走老人，他是曾經任職日本通商產業省的官員。我們家就是看了這個新聞，斷然決定跟固執抗拒的父親收起車鑰匙的。

之前看過日本所謂下流老人的案例。有個兒子出車禍撞傷人，結果兒子自己得打兩份工來還賠償金不說，老爸爸

的退休金也拿出來幫忙，從此一家人的生活風雲變色。我娘家鄰居也有孩子騎車出事故，智力回到小時候，終身得坐輪椅，這對家庭經濟影響當然是很大的。退休族自己也許因為身體狀況或是預算考量不能投保長照失能險，但我覺得，幫活動力旺盛的年輕人規畫好意外險或是長照失能險，是很必要的。

⑩ 自己成為看護的風險

我跟過的幾位日文老師，父母都是選擇用他們的老人年金來住進養護機構；但是在台灣，有些老人家連請外籍幫傭都不願意。這時候對於中年退休子女會是一大挑戰，因為很容易被認為空閒時間多，就應該親自照顧老人家，結果犧牲了自己的退休生活。

親自照顧長輩是漫長的路，我有個朋友退休之後，老公希望搬回鄉下照顧公婆，結果她嚇得跑回去上班了。雖然討論起來有時傷感情，但是既然會影響退休生活品質，還是先溝通好為上。

你是老大嗎？你是女兒或媳婦？你住得離長輩很近嗎？如果具有這些身分，退休前要特別小心溝通未來長輩照顧的事，和家人說明白、講清楚未來的任務分擔。

類型4》政策及政治風險

⑪ 政策改變的風險

像是已經熱議多年的勞保年金財務問題，由於自 2017 年起，勞保基金的支出持續高於保費收入，面臨破產危機。為了避免勞保年金破產，政府除了暫時用國庫撥補，更長遠的方法就是得讓勞工未來繳更多、領更少、更晚領。雖然暫時還沒有定案，但我自己在試算退休金的時候，是不會將未來可領的勞保年金滿額計算，先打個折，只算 6、7 成就好。

⑫ 戰爭風險

相信很多人以前都沒想過戰爭這件事，但是從 2022 年的俄烏戰爭到美國眾議院長裴洛西（Nancy Pelosi）訪台後的台海危機，擔心戰爭的人也變多了。很難說我會不會處心積慮理好財，結果因為戰爭毀於一旦。

高資產的人應該早就做好準備，早已把錢放到海外，或根本已經擬好移民計畫了；像我們這樣的升斗小民該怎麼辦？該先把存款都領出來嗎？也別忘了二次大戰之後的教訓，當時台灣陷入惡性通膨，只能砍掉重練，實施舊鈔 4 萬元換新台幣 1 元，使得舊鈔成廢紙。那麼，難道要把現

金都換成金條藏在家裡？恐怕還沒戰爭就出事了。擔心這麼多也沒有什麼用，既然是不能操之在己的風險，也只能走一步算一步了。

類型5》其他風險

⑬ 天災風險

天有不測風雲，天災造成的損害也是要考慮的風險，像是火災、地震等；我之前的工作遇過客戶住台南，是震災倒塌大樓的受災戶。一般如果有房貸的話，銀行會要求投保火險和地震險，如果已經沒有房貸的朋友不妨檢查一下房子的保險。

⑭ 接受不適當的理財建議、被詐騙風險

有朋友投資房地產被詐騙，將退休金賠光，也有人是投資比特幣受傷，得在中高齡重新就業。

日本也有很多「おれおれ詐欺」おれ念作 O-le，日文中漢字是「俺」，也就是「是我、是我的詐欺」，通常是假冒成兒子或孫子，然後說自己出事了，來詐騙老人家，甚至歹徒騙到住址後，直接跑到家裡殺害老人家取財的社會事件也很猖獗。

有次我兒子在家接到一通電話，對方聽到我兒子男聲就叫他爸，然後報上我兒子的名字，對著我兒子本人說他是我兒子，接著就哭喊說，「爸，我出事了」，令我兒子啼笑皆非。這個招數很多年前我媽也接到過，聲稱是我哥，然後哭說他出事了。同樣的腳本過了 10 幾、20 年還是繼續用，可見是有一定的效果。

有時劇情很可笑，但是千萬不能掉以輕心，這些騙徒很會利用人性；想要避免上當，不妨試試看和家人約定好暗號問題來過濾。

還有一個方式就是盡量把錢放入理財工具或是定存，避免很容易就能取出現金。

當你看到這裡，是否感覺沉重？這就是人生哪！不會太難，但也不能想得太簡單。

即便不是每種風險我們都有辦法做什麼來因應，甚至有些項目對台灣人簡直就是禁忌，對老一輩來說是不太能討論的事，但我覺得預期並評估各種風險還是很重要，就像我退休後常常去爬山遇到下雨一樣，事前規畫行程時先看過天氣預報，知道有機會碰到下雨；到了出發當天，真的

下雨了，雖然還是會有些遺憾，但因為是預料中的事，所以會迅速穿上準備好的雨衣前行。

人生也一樣，不是只有晴天，也會有連續的陰天和雨天，但人生的山還是要照爬。我遇上的中年職場危機也是晴天中意外的一場雷陣雨，所以我很佩服那些遇到比我更重大挫折還是繼續正面前行的人，保持意志力堅定與豁達，那真的不是理所當然可以做到的事。

寫到這裡也提醒自己，要加強自己的心理素質，來面對中高齡生活中的暗礁。

4-2 退休規畫分為5階段 逐漸調適出自己的生活樣貌

　　如何為退休生活準備？美國 MarketWatch 網站有篇文章報導，老年學專家肯‧德特華德（Ken Dychtwald）將退休規畫分為 5 個階段，從退休前準備到真正退休後的調整，平均至少需要 8 年的時間；聽起來很長，但差不多是從幼稚園讀到國小畢業而已。比起幼稚園到大學，要用 18 年的時間準備好到可以上班去，那麼，用 8 年的時間來準備進入退休生活，也不為過。

　　很多人會計算到底要多少錢才能退休，但不一定會先想好退休生活如何安排。參考肯‧德特華德提出的退休規畫 5 個階段，需要在預計退休年齡的 3 ～ 5 年前開始認真規畫，而退休之後的第 1 ～ 3 年是退休的探索和調適期。

　　如果沒有事先預想規畫，有可能會跟我一樣經過一段黑暗的退休症候群時期，也就是不能適應退休生活而情緒低落，嚴重者還可能影響生理健康。突然退休之後感覺茫然很正常，不是覺得無聊難耐，就是和家人起衝突；不是缺錢，

而是不知道怎樣過退休生活，甚至有人又跑回去上班。

　　整合肯・德特華德提出的退休規畫 5 個階段，和 MarketWatch 的文章，再依照我的退休經驗，我整理了下面 5 個階段，如果能提前做準備，一定能比我更從容面對退休生活。

階段1》想像期，退休前15年到5年

　　這個階段可能開始對退休有些想像，也許有點期待。我在退休前，對退休這檔事是壓根沒想過，現在想起來自己真是只會埋首於工作的豬頭。回想起來，這個階段有 2 件事很重要：

① 退休金準備

　　退休的前 5 ～ 15 年，距離退休還很久，要具體想像退休生活很難，這很正常；我覺得這個階段的第 1 個重點，要放在退休金的準備。

　　千萬不要把退休金想得太簡單，或許有人會告訴你，「要退休，錢不是最重要的事。」但是他話可能沒說完，錢不是最重要，但卻是最基本。會說這句話的人，通常自己早

已經盤算好了，所以對他來說，錢已不是最重要的事。

　　因此，千萬別因為工作很煎熬，就貿然做下退休的決定。雖然我常自嘲突然提早退休，但是我退休之前的 10 幾年職涯，都處在很辛苦的狀態；不僅工時很長，跨部門溝通的問題更不用說，還有一些辦公室政治紛擾。到了中年之後，會遇到這些事都很正常，可是為了自己更好的未來，你得要務實的撞鐘，直到有能力率性說再見的那一天。

② 至少培養一種興趣

　　這個階段第 2 重要的事，就是至少得培養一種興趣；雖然我是突然退休，但我在退休前已經學了 5、6 年的日文。

　　我知道上班族很忙，家庭工作兩頭燒，會覺得擠不出時間。我那時候用的方法，是跟我的日文老師約在週六早上 7 點到 9 點，這樣也不至於影響週末的家庭生活，正好我的老師是一早就睡不著覺的 60 多歲人士。

　　我建議工作再忙也不要只懂工作，至少開始培養一種興趣，這對於退休後的適應會很有幫助。我學了那幾年的日文，和日文老師有不錯的感情，也延伸到退休生活中，她雖然回去日本了，但還是我的好朋友。

退休後遇到挫折的時候，興趣也很有轉移注意力的療癒效果；像是我的日文課、和語言交換的日本朋友聊天是很愉快的時光。我有朋友的興趣是拼布手作、綠意園藝，這些興趣有可能在退休後成為微型創業的火種。也有朋友的興趣是獨木舟等水上活動，在退休後興趣成為生活的重心。

階段2》期待期，退休前5年～前2年

這段時間也許你開始感覺到，退休可能不久後就會來臨，也許你的朋友已經有人開始陸續退休，必須進入真槍實彈的具體準備了。退休前 5 年就應該開始架構你的退休生活，最遲退休前 3 年開始具體的規畫：

① 養成規律檢視財務狀況的習慣

至少一季盤點一次個人的退休金距離目標還差多少？還需要做哪些補強？能夠提早退休嗎？有沒有建立了緊急應變基金？保險和貸款是否能在退休前繳清和償還？還是該有工作到 60 ～ 65 歲屆齡退休的準備？

② 開始進行退休的心理調適

你想要怎樣的退休生活風格？悠閒派還是學習風？你的興趣有沒有可能發展成退而不休的工作？退休後有哪些

想要進行的活動？**能夠在退休後有帶來收入的小工作，在 2022 年的股災之際，相信是不少退休族會想要的事。**

階段3》緊鑼密鼓檢視期，退休前1年

退休前 1 年應認真評估實際上要過怎樣的退休日子，在 MarketWatch 網站這篇文章中還提到 4 個 S 的檢視工具：

① Situation狀況

你的工作和家庭的狀態如何？退休後和家人的關係如何調整？

例如在退休之前，你與另一半已經習慣彼此的規律作息，並各自分配好家務；退休之後你長時間待在家中，有可能會讓你負擔所有家務，你是否能夠調適這種角色的轉變？而退休後更多時間和家人近距離相處，如何保持適當的空間，避免可能引起的衝突。

② Sense of self自我感受

你對自己退休後的展望如何？精神面是否可以沒有焦慮地冷靜看待退休？

因為人口老化，退休潮來臨，我有朋友去讀了退休的心理諮商，未來這也會是一個有市場的行業；可見即便感到

焦慮也不奇怪,但是你可以開始尋求資源協助建立對於退休的信心。

③ Support支持

退休後的社交圈如何?是否有退休指標人物可以學習?

退休後的社交圈是你的支持體系,是你在退休後萬一遇上挫折時的打氣筒。

④ Strategy策略

是否能保持樂觀?是否能重新定位自己的角色與意義?

舉個我喜歡的古人例子,像蘇東坡的本業是當官的,但受牽連於黨爭,中晚年被謫貶流放時寫下的詩詞和書法,成就他的巔峰之作;失戀和丟官,都會讓詩人寫出動人心弦的好詩呀!退休也有可能是新故事篇章的開端。另外,也要想好自我時間管理的策略是什麼?退休後自己是自己的老闆,老闆整天覺得無聊,窩在沙發滑手機可不好了。

階段4》大解放期,退休後第1年

真正進入退休生活的初期,可能會感到退休帶來解放的快樂。如果沒有事先規畫好,有可能這1年你只是隨性做了一些之前沒法做的事,例如窩在沙發看電視;或是像我

一樣，發現在白天去唱 KTV 很便宜，就時常跑去高歌一曲；也可能有人頻繁去旅行。但是這些相對比較隨性的活動，過了蜜月期後也會多少失去邊際效益。怎麼可能每天唱 KTV？或是每天都在旅行？那剩下 90% 或是 95% 的時間呢？

雖然隨心所欲做了些放鬆的活動，一段時間之後，還是有可能覺得不知道自己在做什麼、能做什麼；甚至因為和配偶及朋友的人際關係改變，而感受到有些衝擊。我的退休症候群就是這樣來的。

根據 2013 年英國 BBC 引述一項調查顯示，退休後得憂鬱症的機率比退休前提高 40%；而根據著名的 Holmes and Rahe stress scale（壓力量表），「非自願離職」和「退休」也在壓力最大的人生事件中，分居第 8 位和第 10 位。

當然國情不同，年代也已經不同，不過這些統計調查是個提醒，以我經營退休部落格幾年下來也發現，要適應退休並非對每個人來說都很容易。

開始產生空虛感？可嘗試規範自己的生活

我在退休後感到快樂的大解放期只有 1 個月，十分短暫，

隨後巨大的空虛感席捲而來，我自己克服的方式是開始規範我的生活。我想到，人生還很長，我不能 50 歲就過著 80 歲的生活，更何況有些 80 歲的人都比我還活躍呢！

於是初期的時候我弄了一個 Excel 表，將每天要做的事列下，每天將那個表打開，做完一件就標不同顏色。退休前每天被開不完的會塞滿行程，還一向被讚美為很 organized（有條理）的人，退休後不自己稍微振作一下，也是會搞得像是壞掉的方向盤。

下一節中我將分享我實際上是怎樣安排每天的生活，後來讓生活逐漸上了軌道。

人際關係改變？若不適應獨處就結交新朋友

退休後與家人朋友關係改變是很正常的，狀況因人而異，例如退休前，午餐時間會與同事一起用餐聊天，分享生活瑣事，或下班後順便聚餐；但是退休後如果不是特地相約，就會少了許多跟他人講話的機會，彷彿與社會斷了連結。或是平日跟家人相處時間變長，生活習慣又難免會有摩擦，關係變得更緊張。不過整體來說，我覺得不要給自己太大的壓力。當有壓力時，試著抽離一下，「逃跑雖然可恥，但很有用」。

　　我自己是很可以適應獨處，也有一些朋友可以見面；如果舊朋友可以聯絡的不多，可以試試參加社區大學等活動，結交新朋友。

　　我有追蹤一個日本 49 歲提早退休部落客的文章，我常透過他的文章來觀察男性退休族的想法。他提到，退休後每天可以交談的人只有老婆和媽媽，和她們沒有什麼共同的話題；他也談到退休後，朋友要聯絡，也要是志同道合的才能維繫。另外，他退休後的居住地和以前上班的地方有距離，同事不是還在上班，就是散居各地，聯絡就更不方便。關於他說的，我也有同感，同年齡的同學不說，連 60 歲以上的朋友也還在上班；如果你是提早退休，會比較需要有獨處的能力。

　　總之，第 1 年可以多做一點不同的嘗試，失敗也沒關係，這時你才是退休規畫的國小學生而已啊！就單純做些以前你沒做過的事也很好，照顧好自己不要陷入那多出 40% 機率的憂鬱，也是功德一件了！

階段5》重新定位期，退休後第2年～第15年

　　在經過退休第 1 年之後，如果還是覺得不知哪裡卡卡的，

給自己多一點調適期，不要著急；退休後第 2 年和第 3 年，再慢慢調整出退休生活的常態模式也無妨。

也許你覺得第 2 年、第 3 年，怎麼會調整那麼久？其實退休後時間過得很快，轉眼寫這本書的時候，我都退休 5 年了。

以我經營了幾年的部落格來説，我覺得也是到了第 4 年開始，才慢慢成為我覺得比較理想與完整的樣子。剛退休時，我腦中有一個理想的退休規畫網站的藍圖，我覺得自己好像在拼樂高積木一樣，花了幾年完成。而寫這本書的時候，因為開始有一些講座和活動的邀約，我又在想，「這是不是我要的退休生活？」我在等著疫情結束，可以恢復我的網站藍圖上，在退休後一直還沒有機會進行的旅行。

不要再拿以前上班時的標準來衡量退休後做的事，不要求快，也不要再去和別人比較。例如説，也並不是説我現在出了這本書，我就該立志往人氣網紅的目標前進，我覺得是做自己真正有興趣的事，才能充分享受退休後的生活。

做什麼事都需要時間，退休後的新生活也是需要時間去細火慢燉；調整你的配方，最後才會有你想要的滋味。

如果從退休前 5 年開始認真準備，到退休後 3 年，大致可以完成退休的準備與調適，對於退休這樣的人生大事，總共花 8 年的時間也不為過。

雖然我把這 8 年形容為幼稚園和國小時期，但是小朋友們剛進幼稚園或國小時，若有「分離焦慮症」，馬上有老師帶領著玩遊戲做勞作，很快就能適應新生活。然而自己在規畫退休的這段期間，沒有老師告訴你該做哪些具體的事，你可以聽聽別人分享經驗，卻無法完全由人擺布；**你可以觀看別人的退休故事，但很難完全複製，你必須根據自己的需求和喜好做規畫，憑一己之力度過這段重要的人生蛻變的過程。**退休後，你就是自己的老師和老闆，日子要過得隨性或充實，全靠自己做決定。

定主軸、列清單 不怕虛度退休生活

在 2022 年初，股市達到歷史最高點，台股突破 1 萬 8,500 點，美國 S&P 500 指數將近 4,800 點；在那個舉市歡騰的時刻，我的總資產經過 4 年多的花費之後，還比剛退休的時候增加 20% 以上。

不用在職場人擠人地競爭，被動坐在家裡也有收入，要感謝自己退休後調整好資產配置與長期投資模式，感到安慰自然是有的。雖然我並非有幾筆土地、幾棟房子，也沒有價值上億元的股票，但看來我要負的經濟責任已完成了。

在 2022 年 2 月中，我的父親也隨著母親向仙界報到去了。退休之前半年母親確診癌症，在我退休後，經歷了母親逐步走向癌末，以及後來父親狂亂的失智，以至於最終臥床，那是一段心理極度高壓的日子。等到父親走後，4 年多前剛退休時的那種空虛感竟然又再次來到。

雖然父母的離世是不捨，但我想陪伴父母走過最後階段

的人會明白，病痛的結束對父母是解脫，而對子女來說，是緊繃的心弦應聲斷落。這樣的完結，竟然讓人感到空虛。

從4個Why看為什麼要安排退休生活？

這幾年經營部落格與眾多朋友互動以來，有不少人說他們很享受過著沒有特別做什麼事，純然放輕鬆的日子。這樣當然是很好，只是也有另一些人和我一樣，會感受到對於退休的不適應。這也許是因為當年我衝動之下想斷捨離的，是當時的職場氛圍和那個行業，並不是因為我不喜歡工作。我也看過不少人退休後不是因為缺錢，而是因為感到空虛，沒有價值感，所以又重返職場。

就能夠耍廢過生活的人來看，像我這樣放著悠閒退休生活不過，可能是想太多。不過對於擔心無法放心耍廢的高危險群來說，我有 4 個理由，告訴你為何該在退休前就開始思考如何安排好退休生活，以便降低退休的失敗率。

Why 1》退休生活可能真的很漫長

2021 年台灣人的平均壽命是 80.86 歲；其中，男性是 77.67 歲，而女性更長壽，是 84.25 歲；如果從近 20 年的變化來看，平均壽命有逐漸上揚的趨勢（詳見圖 1），

若以台灣人想要 60 歲上下退休來說，那退休生活是超過 20 年。

以我 49 歲退休來說，我父母分別是 85 歲和 90 歲離世，**如果我有得到他們的遺傳，我會有將近 40 年漫長的退休生活，比我在職場上的時間還更長。**

我老爸也是提早退休族，但他是 16 歲就開始工作，大約工作了 40 年，對他的人生和家庭都是鞠躬盡瘁了；他自從大約 55 歲完全沒再工作之後，過了 35 年的退休生活。父親在退休早期活動力旺盛，有很多一起爬山和到處旅遊的朋友，但是漸漸的，比他年長的、年輕的朋友一個一個比他先從人生登出，朋友圈日漸縮小，大概從 70 幾歲的時候就開始一直喊無聊。

這對我是個提醒，休閒當然是退休後很重要的一件事，但是怎樣過一個讓自己覺得更有意義的退休生活？而不會在人生的尾端再回頭看，還是覺得無聊？

我退休後曾有過一段時間，是老公出門之後，我又回頭睡回籠覺的日子，一天的開始是中午也就算了，睡醒的時候還感覺很迷濛；這也是我為何會開始安排好時間，做些

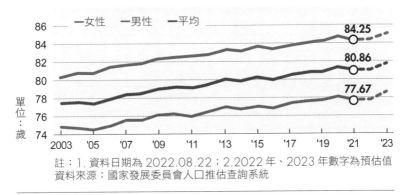

圖1　台灣平均壽命升高，2021年達80.86歲
——台灣人零歲平均餘命統計

註：1. 資料日期為 2022.08.22；2.2022 年、2023 年數字為預估值
資料來源：國家發展委員會人口推估查詢系統

嘗試，學學新東西，找點小事做做的原因。

Why 2》退休別成為家人的壓力

　　經營部落格一段時間後，我發現有不少 30 幾歲的人來閱讀我的部落格；我本來很驚訝他們真是超前準備，後來才發現不少是因為想協助退休的父母理財，或是想了解退休人士的心情，藉此來協助陷入低潮的父母適應退休生活。

　　在日本，退休後的男人被戲稱是占空間又難以丟棄的「粗大垃圾」；女人退休後，如果沒有安頓好自己的身心，也可能變成家人的壓力，雖然有時很委屈，都還沒真正開口，

311

家人就以為妳要開念什麼事。

　　我看到一位和我差不多年齡提早退休的日本部落客説，他很擔心還在上班的太太有天也退休，因為本來很溫柔的太太近年變得很易怒，他很擔心好不容易從高壓的職場脫離後，又進入另一個和太太的戰場。

　　有人説，退休的原因是想多一點時間和家人相處，可是沒想到孩子大了事事有主見，另一半年紀大了脾氣也變差；太多時間相處，反而變成彼此精神壓力的來源。這時候如果能夠**找到一個新的生活重心，對於分散聚焦在家人身上的注意力，會非常有幫助。**

Why 3》退休族是值得被尊重的身分

　　如果不管理好自己的時間，退休族很容易被視為理所當然要承擔更多的家庭責任，因為無所事事在傳統的台灣社會裡面常被認為不應該。説到這裡，我看過日本一位名嘴反對提早退休，他形容説太早退休的人容易被認為是「稼げない」，意思是沒能力在企業裡面掙錢，似乎這個人也沒價值了，真是太偏激的評論。

　　但是，這的確有可能是周遭的人內心沒有説出來的聲音。

在寫本書的 2022 年 9 月看到一篇《工商時報》的報導，才知道我可能已經被政府計入「賦閒人口」，也就是既非求學、也非高齡、也沒有料理家務的非勞動力了；據報載，賦閒人口 90% 集中在 45 ～ 64 歲。說起料理家務，退休人士如我，料理的家務可多了，因此嚴格來說我並沒有賦閒。不過，看到「賦閒人口」這個詞，不免感覺有些礙眼。

要獲得別人尊重之前，退休族要先尊重自己，想想看你花了多少的努力才走到可以退休這一步？我認為退休族的時間和上班族的時間同樣應該被尊重，不該因為退休就無限量免費勞務。

例如，退休的人很容易被定位成長輩的優先照顧者；原本全家人共同分擔的家事，也很容易變成退休人士理所當然該全包的服務。

請安排好自己的時間。因為**如果你不安排好自己，就有可能會被別人安排**，然後還被歸類為賦閒的人口，未免也太冤枉了。

Why 4》計畫趕不上變化

許多人想到退休就想到一路玩到掛，但是疫情來了，活

動範圍很受限；或者即便疫情結束，總不可能天天都在旅遊的路上，也可能有其他原因讓人不一定能玩到掛。

以我來說，退休後幾年雖非全職照顧長輩，但是看著長輩的健康衰退，總是需要定期陪伴，並不是很有遠遊的心情。在照顧長輩的期間，如何安排好自己的生活，讓自己仍能保持自我成長的空間，也是很重要的。

另外，這篇文章開頭提到，在 2022 年初市場高點的時候，我內心浮現「財務自由」這幾個字，要是有人在稍後下跌的市場中讀到這一段，說不定會笑我當時太天真；是的，計畫趕不上變化，那時候我怎麼會想到股債後來會大大的崩跌。當然，我是做好股債配置，也保留好幾年的現金可以度過熊市沒有問題，但是萬一陷入很長期的蕭條，我也不可能眉毛都不皺一下，也許我也會想要有點額外的收入，提高退休生活的保障。

計畫趕不上變化，若能利用退休閒暇的時間，從興趣中做一些嘗試和探索，也許你也會和我一樣，無心插柳，無中生有創造出一個工作來，讓退休財務安全多一個備胎。

退休族有很多不同的類型，別讓別人的意見困擾你。即

使是像我這樣鼓吹找點事做的好事之徒也一樣，別管我怎麼說。

想要廢就要得帥一點，別懷疑自己是不是太廢。

想認真學習就去學，別怕自己學不來就先投降，也別怕別人笑你這種年紀才開始，真傻。

想一路玩到掛，就把銀兩安排好，確保熊市來也不怕，然後去一路玩到掛。

在我退休後覺得很逆耳的話是，「退休就退休了，幹嘛把自己弄得那麼忙？」而我每次要解釋，「不會啊！我那些也是退休的導遊同學比我認真的還有很多。而且這些都是我想做的事，所以一點都不會累啊！」一邊蹩腳應付著，一邊閃著一個念頭，我真的很怪嗎？

當時我沒有管朋友怎麼說，繼續埋頭寫了幾年增加了網站流量，卻沒有大收入的部落格文章，我也沒想過有天會寫到能有出書的機會。能出書也沒什麼了不起，對我更大的意義是，我在退休後歸零的重新探索，有了一個很值得讚嘆的答案——那就是**退休後的人生，還是有無限的可能。**

而就算我沒出這本書，在過程當中，我也很喜歡和讀者朋友的互動，交換彼此人生的故事。

就勇敢做你想做的事，不管別人怎麼說，也不要跟別人比較，只要做到不讓自己在幾年後白髮蒼蒼時後悔就行了。

從2個How看退休生活如何安排？

好吧，若你也想跟我一樣來個人生大探索，那就不能只是隨口說說，不用有超完美計畫，但是**寫下來，就比較容易付諸行動**。如果你很迷惘，或許可以參考看看我的做法：

How 1》定位你的年度主軸

講得好像來勢洶洶，但其實內容應該都是你想做的有趣的事，像我經過 2 年退休調適之後，想的是：

• **退休投資理財**：我是我自己的退休金經理人，想起來以前上班的時候，有的投資型保單募不好，也不過是 2,000 萬元的規模就會用到一個基金經理人；這樣想起來，就覺得自己要顧好退休金的任務很神聖。

而實際上退休後，從 4% 法則裡面學到的費用控制、資

產配置和再平衡等等的知識，自己動手來，扭轉了退休前人云亦云的理財方式，真是為自己做得很棒的一件事。

• 部落格經營和數位化行銷：這是退休後我很想嘗試的事，因為行銷是我大部分的職涯都在做的事。退休前有想經營部落格，但是工作忙碌，怎麼有時間？也只能看著公司裡面的年輕人做著我並不懂細節的數位行銷。

因為這個大主軸，退休頭兩年還是菜鳥的時候，我真的花了很多時間自修網路文章，做家事時也一邊播放著 YouTube 影片，來熟悉部落格網站和臉書專頁的經營。現在想起來，慢慢地自學和動手嘗試，真是段充實的時光。

我想起以前職場上做的事沒有特別覺得驕傲的事，畢竟職場上是大家一起在抬轎；但是退休後的嘗試，雖然我沒有做大到變成幾十萬人追蹤的粉絲團，但是每一步走過都是我自己的腳印。

• 導遊、領隊、導覽學習：退休後我拿到了英、日語導遊和外語領隊執照。雖然新冠肺炎（COVID-19）疫情把我本來鼓起一點勇氣去爭取當導遊的動力澆熄了，但上過導遊職前訓練後，竟培養出我沒想過的興趣：現在我可以沉

浸在故宮乾隆皇帝的收藏中，感受單純沉浸在美的事物中的美好，也到了多處以前不會想去看的古蹟建築。在上這些課時，我做筆記的認真程度絕不輸給上班時的努力，我變成一個比上班時有趣多的人；也因為想要用日語介紹台灣，日文學得更起勁，因此通過了日語 N1 的最高級檢定。

只要具體寫下來，就容易有進展，就算 1 年沒有看到什麼成果，2 年、3 年説不定就可能開花結果。像是 2022 年日本旅客鐵道（JR）公司和我聯繫，希望在我的網站上推廣 JR Pass，那距離我寫退休後的東京遊文章已經有 4 年的時間，而且我自己覺得那幾篇文章是自己一個人失意中出走，稱不上豐富有趣的遊記。

你也可以寫下你的退休生活主軸，文青一點的，像是走遊你居住縣市的所有鄉鎮，然後用手機拍照記錄，光是想想就有趣。

別忘了也要寫下幾個不出門也能進行的靜態項目，這樣像是疫情來必須關禁閉時會很管用。

How 2》分類製作工作清單

我定位出來 3 個主軸之後，原則上我就是 1 天做 1 件事。

圖2 退休生活按主軸分類，明確訂出工作清單
——退休生活主軸分類工作清單範例

大項	中項	小項	連結	Mon 7月6日	Tue 7月7日
Blogging-Writing					
新文章	寫文章	寫文章 nofollow、引文	https://tmmper footlife.com/n		
		發出文章（記得Affiliate）			
	社團發文				
	下一篇文章	主題			
		資料準備			
舊文章	改舊文章 東京文	刪除底線、nofollow、引文			
	更新about me				
	檢查無效連結				
互動	檢查留言		https://www.fa cebook.com/tam		
廣告收入	調整Google廣告				
	收入統計：月初				
打廣告	FB廣告	等Conoravirus結束			
	Google廣告				

例如週一是部落格、週二是導覽學習、週三是投資理財；也會預留給休閒和家人，例如週四爬山；父母在世的時候，週五是我固定回娘家探望的日子；週六、週日就是我這個退休族和家人一起的休假日，就這樣重複輪迴。

我以前上班時是個表格控無誤，延伸到剛退休時，這3個主軸類別我分別有一個表格（詳見圖2），當有想到什麼事的時候我就寫到表上。每項工作完成時就標示橘色，那天有事沒進行到的時候就標示灰色。

像這樣寫下來，即使常常想要偷懶，也不至於一事無成；

像是我的部落格,也因為這些表格而沒有成為中途告吹的網站,更沒想到因為這個表最後還讓我寫了書。其他像是些玩樂的事,例如想去划獨木舟,想到就趕緊寫上,並放在導覽學習的分類下。拿到導遊執照雖沒帶團上場,但是現在連出門玩耍,都可以煞有介事地跟家人說我是在學習。

退休初期這個 Excel 表,後來已經被我移到手機上的待辦事項 App 上了。不論用什麼形式,我覺得規畫好退休生活的行程是很有幫助的事。

按表操課,讓退休生活變簡單

剛退休的時候,我有種強烈的「我才 50 歲,不該過 60、70 歲人的退休生活」的感覺;我的退休好友有一半都是 60 歲以上,我常常有種我怎麼可以 50 歲就不努力的無形壓力。

像是 2020 年疫情爆發之後必須在家「關禁閉」,下午 2 點看一下記者會,又到了要準備晚餐的時間;餐後杯盤狼藉,收拾一番,然後一天就又過去了。

不要像我一樣想太多,真的能廢得開心是也不錯。不過

我發現，不少人沒事做時就用來煩惱；與其成天胡思亂想，不如採取行動，根據自己訂出的計畫按表操課。

退休之後我盡量規律地做自己喜歡的事，少花時間煩惱；現在我的日文已經考過了一級檢定，可以用來跟語言交換的日本人聊天。至於部落格，可以說是我的退休後大驚奇，有被媒體採訪，也有被找去上 Podcast，和上過電視，也偶爾受邀到機關團體講退休理財和生活規畫。

不要覺得我帶著勝利的微笑，剛退休時我可自覺是個徹底的魯蛇；我是為了療癒自己的退休症候群，才強打起精神做這些事的，現在都還能記得當時站也不是坐也不是的尷尬。

經過這些之後，我真心覺得在退休生活中，可以完成幾件自己一直想做，但上班時無暇進行的事，是長時間努力上班之後很棒的回報。

人生無常，但退休生活也可能比你想得漫長，如果你跟我一樣想要有一個學習型的退休生活，可以試試運用表格來建立規律，相信一段時間之後你會感謝自己一步一腳印地走過了。

最終複習
不焦慮的退休規畫學

5-1 理好財的9道心法
退休金不會用一天少一天

　　退休後財務面最大的擔憂，就是看著退休金水位節節下滑。特別是對我這種早退族來說，要面對漫長的退休歲月，那更是特別的重要。在這一節，我想把受邀進行公益講座的時候聽眾問的問題，還有平日讀者問的問題，做一個整理，也是對本書做一個摘要與總結。

心法1》投資理財第1步就是避開陷阱

　　績效亮眼的基金可能幾年以後讓人翻了跟斗，跌幅遠超過市場；看了媒體上比我們懂很多的分析師預測某檔個股的股價而買入，往往成了被收割的韭菜。

　　有些只求業績不講風險的理專，其口中的商品聽起來很適合退休安穩領息，但是天下真的沒有和定存一樣幾乎沒風險，利息卻高很多的東西。像是配息高達 20% 以上的南非幣新興市場債、非投資等級債基金，不但要承擔很高的匯率風險，而且可能相當大比例的配息是來自你自己的本金（詳見圖 1）。退休理財的第 1 步就是要避開像這樣可

324

圖1 高配息南非幣債券基金，配息多來自本金
——以某檔新興市場債券基金（南非幣計價）為例

今年以來	-23.64%	一周	-4.70%	一個月	-7.95%	三個月	-6.41%	六個月	-14.48%	一年	-24.88%

配息基準日	2022/09/01	2022/08/01	2022/07/01	2022/06/01	2022/05/02	2022/04/01	2022/03/01	2022/02/01	2022/01/03	2021/12/01	2021/11/01
每單位配息金額	31.7	31.7	31.7	31.7	31.7	31.7	31.7	31.7	31.7	31.7	31.7
年化配息率(%)	29.71	28.44	28.26	25.94	25.43	23.44	23.16	21.26	20.4	20.21	19.53
配息來自本金比例	N/A	72.33%	68.92%	74.79%	70.01%	73.28%	76.02%	71.50%	42.03%	68.72%	68.68%

註：資料日期至 2022.09.01　　資料來源：強基金

能讓你累積退休金變慢，甚至走一步又倒退三步的陷阱。

　　在我幾次受公益團體邀請去開講的講座後，都會有人來跟我說，上面的陷阱真的有踩中幾個，那要怎麼辦？不要懊惱，我會講得很入味，是因為我這金融專業人士也曾犯過幾個錯。在指數化投資法的經典大作《投資金律》書中，作者建議一次性把失敗的投資轉入跟著市場大盤走的指數化投資，至少之後市場反彈的時候確定你可以參與到。

　　我在新冠肺炎（COVID-19）股災中就曾認賠錯誤投資的股票，轉入元大台灣50（0050），在之後的市場反彈不但讓我收復失土，還小賺一筆。但我知道多數人會猶豫

下不了手，因為要先執行賣出虧損的投資，等於是承認損失；不過那時候通常市場也在跌，等於是同步低價買入市場指數的時機。如果真的下不了手，也可以分幾次執行。

心法2》退休後現金流來源是含價格增值的總報酬

只重壓高配息產品，往往是犧牲總報酬，這麼做的話，退休前你的退休金累積速度會比較慢。而若是退休後，要注意比較低的報酬率再扣掉通貨膨脹率之後，實際的報酬率可能很低。

我覺得配息達到基本需求之後，可以混搭指數化投資，每年的再平衡也是落袋為安並取得現金流的時機。我自己就說服兒子從大三開始，由零用錢中省下一些去定期定額投入0050。其實我更建議他投入全球股票ETF，不過因為他開的證券戶沒有開放複委託的定期定額，也還是小小資，只能等之後再建議他更上一層樓。而我自己因為剛退休時的背景因素，退休到了第5年的時候，的確也還偏重股息，但是我計畫分3年逐漸增加指數化投資的比重，目標是50%。

心法3》避免個股投資，並注意分散性

我自己投資個股，但是不常談論我的個股投資，因為只

能説原則，無法像指數化資法那樣複製。

　　你不會想要在 2021 年 7 月一片看好聲中，激情買入 233 元最高點的長榮（2603）海運，然後經歷一路下滑到 90 元以下，壞了你的退休計畫。

　　個股投資還是以市值前 50 大公司、產業龍頭股和政府持股多的官股為主；並且不要重壓，盡量分散投資，也分散投資的時間點，盡量在本益比低的時候投入，這樣即便對閱讀財報不在行，也可以相對安心領息過日子。

心法4》更簡單且長期總報酬更高的指數化投資

　　如果還在退休金準備的累積期，那麼應該沒有現金流的需求，風險更分散、總報酬更高的指數化投資是首選；雖然中短期震盪難免，只要能長期持有 10 年、20 年，獲得報酬的機率遠勝於虧錢的機率。

　　我兒子開始定期定額投入 0050 之後，市場一路下滑；經過我不斷地洗腦教育之後，他雖然是跟我抱怨，但其實是笑著説的，他説害他的零用錢有虧損。我還是跟他説，投資不能看短期，你的人生還很長。包括我這退休人士，也會繼續按計畫投入全球股票型 ETF。

心法5》穩定的資產配置、長期投資

選對標的,長期持有,1年執行 1 次資產配置比例的再平衡,長期來說,財富就能慢慢累積。如果我在 2020 年 COVID-19 股災的時候執行停損,那麼我後來就會作壁上觀,就像 2008 年金融海嘯的時候一樣,好一段時間不敢進場。而經過退休後這幾年的長期投資,扣除掉我的消費,在經過 2022 年截至 9 月中大跌後,我的資產相對於 2017 年退休時還有成長。

心法6》風險的控制優先於追求報酬

像是在 3-5 中曾說明關於要採取定期定額投資或單筆投資,我知道根據一些過去歷史資料回測,單筆投入、盡早參與市場,那樣在 10 年、20 年後的長期看起來,報酬會優於資金不是一開始就全數參與市場的定期定額。

事後回想起來,如果我在 2017 年第 3 季退休的時候,趁著台股大約 1 萬點的時候一步到位,那時候 0050 才 80 幾元,到了 2022 年初股市 1 萬 8,000 多點,0050 曾經高達 150 幾元以上,如果我是女股神,資產就有翻倍的成長。但是萬一我是在 0050 高達 150 幾元的時候退休並全數投入,到寫這篇文章的 2022 年 9 月底,0050 跌到 110 元以下,雖然期待市場長期向上,內心一定不好受。

年輕人可以快，因為能夠復原的時間還很多；但對於接近
退休或是已退休人士來說，要確保安全的方式之一，就是
慢慢來。

心法7》注意無意中給金融機構的費用

基金會從淨值中默默扣除高比例的管理費，而如果把基
金連結到投資型保單上，那就會有再多一層給保險公司的
費用。以台灣的指數化投資來說，在本書中大部分舉例是
用最知名的 0050，但是以歷史費用率來說，富邦台 50
（006208）是更好的選擇。當然更不用說為數不少的高
股息等話題式 ETF，其實都有更高的收費。

心法8》退休金不要算得太剛好就貿然退休

在這本書中我盡量多提醒了退休之後會有的意外和風
險。你想要的應該是一個有合理生活水平的退休生活，而
不是某天開始得勒緊褲帶的人生，而這是我看過的真實案
例，也是我屢屢會勸來諮詢我意見的讀者對於退休決定再
三思的原因。

就算沒有什麼意料之外的費用發生，也得準備晚年的時
候也許對於投資會變得保守，無法再有太多複利的效果，
說不定到時候你全部都只想放定存。

心法9》消費控制、量入為出，才能讓複利發酵

我在退休後資產能夠成長，除了投資之外，我還會歸功於生活費用的控制。不管是運用 4% 法則或 3% 法則，退休前幾年的費用控制特別重要，因為你需要從投資報酬中保留一點空間維持投資，這樣即便在退休後資產也有複利的效果。

由於你可能會在不同時間投入資金，一般人也不容易精算報酬率，那該怎麼從投資報酬率去評估可拿多少錢再投資及消費？分享我的個人經驗，我是看去年有多少股利和債券配息，加上再平衡的時候獲得的價差，那麼次年就控制消費只能是它的 60% ～ 70%；這當然不是一個經過驗證的鐵則，不過我這麼做也就可以有再投資複利的效果。而遇到熊市就是盡量節省，例如當年度不依通貨膨脹率提高生活消費——記得我們在 3-4 中所示範的，控制消費的效果比準備更多的退休金可能更有幫助。相信可以提高退休金不至於到老用光的機率。

在 2022 年折磨人的熊市當中，提早退休的熱潮瞬間降溫，在令人失望的投資市場，別忘了 3-6 提過的，提高儲蓄率就能彌補報酬率的不足，同樣能讓你達成財務自由的目標。

5-2 動手嘗試8個點子 充實「第三人生」

2019 年《天下雜誌》網站報導，知名暢銷書《被討厭的勇氣》作者岸見一郎提到，他在 51 歲那一年心肌梗塞發病。在那之前他過著忙碌有成就的生活，不但在數所大學兼任講師，也寫書、翻譯，生病之後他被醫生警告不能再繼續過去那樣的工作量。他曾一度極度恐懼死亡，也害怕自己失去價值，後來他才悟出要放下，「你的價值不等於生產力，活著就是對他人有貢獻，接受自己，擁有身為普通人的勇氣。」

看到這樣的文章我深有感觸，健康的確是中年後最重要的事之一。看到這樣的文字，我也覺得中年之後人生該要放下。但是，這是不是在説中年之後就該放棄所有的嘗試？

我在導遊領隊班，受教於一位 80 多歲的資深英語導遊前輩張明石先生，他的活力就來自於工作。在帶我們去機場實習的時候，年輕一點的同學可以當他孫子輩的，跟在他後面得要小跑步。疫情前他都還能帶團去東歐，而他是

50 歲才轉行擔任導遊的工作,這樣竟然也經過了 30 幾年,不比他原來的工作時間要來得短。

中年之後到底是繼續努力?還是不要太努力?這其實是我常常在思考的問題。

曾經有讀者朋友看我寫的文章有點療癒,請我寫篇有關人生意義的文章,汗顏的是,其實我寫不出來。不過,既然我現在已從部落格衍生出一些活動,要來示範完全放下也能過出好人生,我想我已經不具說服力;因此現在我就也只能分享我如何在剛退休時,走過了空虛,後來開始用部落格發揮一點影響力,現在還寫了這本書:

- 「**不要害怕辛苦。**」很多美好的事得到之前都會有點辛苦。例如學日文很辛苦,可是一旦你跟我一樣熬過去,可以開始和日本人聊天的時候,一切都是值得的。

- 「**不要覺得人生過一半了,沒可能。**」人生可能遠比你想得長,想想萬一活太久,你要怎麼回頭看。

- 「**想幾件可能有興趣的事,就動手去試試看。**」並且發揮一點研究精神和創意。

　　我不是在說每個人都該去做什麼偉大的、到中晚年還要追求功成名就的事。我在說的是，做幾種嘗試，在工作之外找出幾件你有興趣的事。這是不是很有意義？每個人感受不同，但是我知道退休之後我每天有好幾個起床的理由，每天有幾件想做的事。

　　別以為我是從部落格寫到出書，就是什麼勝利者。說到這裡，我又得提出我的失敗例子，那就是我拿到了英日語導遊和領隊執照，可是完全沒機會帶團的事。但是，我到現在還是每週分配 1、2 天的時間，做這項傻傻的歷史與古蹟的學習。有一個未完成的夢想，每天都有努力的動機，不也是很棒？

大家都有第三歲月，但不一定能開創第三人生

　　愛爾蘭成人教育學家凱利（Edward Kelly）將人生分為 4 個階段，他提出了以下定義：

- **第一人生（First Act）**：25 歲之前的成長階段。

- **第二人生（Second Act）**：25 ～ 55 或 65 歲之前，發展職涯、成家立業及為老後儲蓄的階段。

- **第三人生（Third Act）**：是指 55 ～ 80 歲以上的這段時間，可以有時間和空間發展第 2 次新的生涯的機會。

- **第四人生（Fourth Act）**：指最後必須面對終老的階段。

　　而在教育部樂齡學習網有篇文章提到這麼一段話：「愛爾蘭成人教育學家凱利提出『第三人生』概念，第三人生和第三歲月（Third Age）不同，每個人只要活得夠久，都會有第三歲月；但不是活得夠久的人，都會有第三人生，因為這兩者最大差別，就是**能不能再次成長、心境成熟、擺脫世俗眼光，發展出真正的興趣，並且能助人、傳承、貢獻自己**，這樣才叫做開創第三人生。而要順利進入『第三人生』，唯有提前準備，才能在漫長的熟齡歲月中開創第三人生。」

　　退休後，就正式邁入了第三歲月；要怎樣過好第三歲月，甚至能發展出第三人生？如果你還沒有什麼想法，我就來提供幾個有關於第三人生主軸的點子：

點子1》學習獨立

　　退休之後很訝異不少年輕的子女會為了父母的退休而煩惱，也想要從旁協助，所以我想第 1 件事就是要照料好自

己，不讓家人擔心。

在歐洲旅行的時候，會看到很多老先生老太太一個人搭火車、一個人拄著拐杖在山裡走著，一個人也能自得其樂。趁早開始練習，因為年紀愈大愈學不來，人的慣性到了50、60歲會更難被打破。

像是我之前工作忙碌的時候，從沒想過我會有天過這種一個人的退休生活，我必須面對一整天多數是自己一個人度過的時光。我退休的時候孩子是高二，後來上了大學，得要放手。而我的先生開公司創業，我退休之後他變得更加忙碌，除了週末，沒有另外的休假；還有，他的公司就是他的熱情所在，他打算終身工作。

我娘家有位80多歲的阿姨輩朋友，先生受傷臥床，孩子沒有同住，她自己也曾經因為心肌梗塞裝了支架；她到這年紀都自己一個人搭車看醫生，自己和醫生討論病況，她看起來一點也不像已經有這年紀。

除了這些日常事務要習慣自己辦之外，也可以嘗試一些簡單的活動。例如我會一個人去圖書館或咖啡店看書，一個人去離家最近的地方追夕陽或看海，接著可以從台灣島

內的鐵道行開始更長途的旅行。然後，除了退休後鬧彆扭離家出走之外，我也想嘗試真正的一個人自助旅行。

點子2》主動出擊，找尋同伴

很多人擔心退休後沒有人脈，會中斷與社會的連結；但各地幾乎都有社區大學，只要你不嫌麻煩願意跨出那一步，一定可以找到興趣相同的新朋友，這是我退休後新朋友的主要來源。若你缺一起同遊的夥伴，可考考看導遊領隊的考試。不管你有沒有要真的帶團，去受訓的時候，是個認識喜愛旅遊和熱愛歷史文化的朋友的好機會。像是我就在那邊認識一位好朋友，跟她去嘗試過幾次她熱愛的獨木舟。

另外，就是找回舊時的朋友，像是一樣也退休了的同事。也許以前工作忙碌的時候關係劍拔弩張，但是退休後氣場改變，有共同的過往，一起聊聊人生也很棒。最後，當然別忘了主動聯繫老同學。

點子3》品味生活樂趣，不做無聊之人

在當上班族的時候我真的是個只知道工作、無趣的人；退休後如果能變成生活美學家，想起來也是很棒的事。例如學會烹調幾項個人招牌菜、學習品酒、栽種植物或蔬菜、到海邊或河邊悠閒釣魚，或是參加音樂節、演唱會，或是

上夜店跳舞直到天亮，又或是學會樂器或學跳一種舞，這些看似可有可無的技藝，其實可以幫助你更有活力與激發生活的創意。

點子4》啟動終身學習、打開眼界

① **立志讀 100 本書**：有人算過自己讀過幾本書嗎？我退休前買的書常常沒有看。退休後拿出來看，時隔 5、6 年，有的書已經絕版，像是南柯一夢。退休後我也踏實地讀了一些理財書，不僅對部落格寫作有幫助，也安定了我對退休金的擔憂。另外我也讀讀蘇東坡，感受他的詩詞之美，也讀他的人生起落。

② **學習一種新的語言**：我看過在台灣的外國人接受訪問時，說台灣的新聞很奇怪，連小貓卡在電線桿也報導。若不希望眼界被中文媒體限制住，可以多學習語言，就能第一手看看別的國家發生了什麼事，有機會去自助旅行時也能夠提升自信。退休後我學了日文，每週幾次和日本人線上聊天，學語言，也分享彼此的人生，讓退休生活更豐富。

點子5》嘗試沒做過的事

抓住青春的尾巴，像是嘗試沒做過的運動，趁體力可以的時候去跑馬拉松、登玉山、高空彈跳、滑雪、獨木舟、

衝浪、潛水去看看海底世界，選 1、2 項試試，應該是不錯的人生體驗。對於激烈運動就隨能力所及，不需太刻意了，像我本來有想試試跑馬拉松，但跑了幾天傷了膝蓋，真是中斷的好藉口。

不過，後來我有去試了清水斷崖划獨木舟，為了做好防曬，全身用衣服、頭盔包得幾乎密不透風，還是被滿場的年輕人一眼認出是阿姨。

也有去花蓮參加了差點心臟病發的溯溪跳水，這個活動的年齡限制是 60 歲，我才剛開始人生第 1 次溯溪體驗，就只剩下幾年的時間可以再嘗試，這些真的 50 歲之前去比較好啊！

你可以根據自己的喜好，選擇想嘗試的活動，並訂下目標，例如每年目標要嘗試 3 件新的玩意。

點子6》變成某件事的專家

我有朋友在退休前就利用下班時間學拼布手作，退休後開了家日系風的小店；也有朋友上班時著迷園藝，退休後專心進修相關知識，把家裡重新裝潢出綠意鄉村風，後來從參加市集擺攤開始推廣自己的園藝作品。還有朋友熱愛

水上活動，要不是因為疫情，説不定她現在正帶著外國朋友，在享受台灣各地美好的水資源呢！

我的朋友們真是多才多藝，還有人從職場退休後學了皮拉提斯，也拿到教練執照，現在是上班族的健身教練。

你有想過成為哪件事的專家嗎？專業上的？或是生活類的，例如紅酒品飲？跑馬拉松？烘焙？咖啡？我去上手機攝影課時，擔任這門課的年輕老師，其實是位普通上班族，他利用休假時間教攝影，也得過許多獎，拿到豐厚的獎金。

總之，退休之後擁有最多的就是閒暇時間，利用這些時間培養一項專長應該很值得，即便不能夠生財，也可以是個人的驕傲與滿足。

點子7》取之社會，回饋社會

有次我去演講，結束後聽到來上課的朋友，討論著我演講時所分享退休後可以做的有趣的事；他們説，以前以為退休的人就只能去當志工，但我跟他們説，其實要當志工也很不簡單。

退休幾年我還停在學習的階段，沒有跨出去當志工。一

部分是因為疫情，一部分也是因為要被選上當志工並不是
這麼容易。像是我學了幾期的傳統建築課，你要我去考龍
山寺或故宮的志工，說出來不怕見笑，我還沒有自信去，
那競爭可是很激烈。另外，退休後頭幾年為了長輩照顧的
問題，當然也會有挣扎，如果能有時間去當志工，為什麼
不能多陪伴自己的長輩？

　　如果只是去上上古蹟課，裝入自己的腦袋，只有input（輸
入）進去，並沒有「助人、傳承、貢獻自己」，那樣應該
還是停留在「第三歲月」。

　　如果能夠多跨出一步，將學到的東西整理好 output（輸
出）出去，那就能夠進階到「第三人生」。

點子8》探索再次工作的機會

　　① **發展副業**：「斜槓」是這個時代的產物，有些日本公
司開始允許員工發展副業。就連企業也不例外，像是中華
電信的本業發展受到局限，也變成賣起消毒水和電器的「斜
槓公司」。中年人也要有斜槓的準備，以便退休後，財務
面有需要時，可以順利發展第二專長。

　　② **創業**：如果你能用年輕時累積的資源，在第三人生創

業製造工作機會，對社會也當然是有所貢獻。我老公就是一個創業者，聽起來當老闆很拉風，其實很辛苦，要對得起客戶，也要照顧好員工，一開始就是不太好停下來的路；他說要戰死沙場，因為有員工和他們的家庭要養。我老公想延長他的「第二人生」，但因此沒有很多時間和我一起度過「第三歲月」，這也是我為什麼得去尋找自己的「第三人生」的原因。

③ **重返職場**：如果以上的點子都激不起你的興趣，還是會感到空虛，那麼也別排斥延續職涯的機會，也許你真的是適合職場。

重返職場不一定要做什麼驚天動地的大事，我印象很深刻的是有一位 60 幾歲的退休博士，退休後去嘗試吉野家的兼職餐飲服務人員，我覺得這樣也很棒。與其在家抱怨退休很無聊，不如和年輕人一起活力滿滿打工去，不但服務人群，還能賺點小零錢。

在我的臉書社團入社要回答的問題中，我看到過幾次有人回答退休後擔心的事，是怕孩子或家人看不起退休後無所事事的自己，這在我當年退休的時候也有過這種念頭。我當年就是在這種心理壓力之下，開始對著電腦架起部落

格網站，分享我研究退休議題的心得。就不説我的部落格或是寫書的事，每當我要去故宮之前告知老公和兒子的時候，自己都會幻想他們的眼中閃爍著欽佩，光是把自己修養成一個懂得生活美學的人，自己會喜歡自己，也就不擔心誰會看不起了。

　　人生的意義是什麼？自己愛自己，那就能感到有意義，動手去做一些嘗試，答案應該會慢慢地展開。

5-3 透過關鍵16問 評估該不該提早退休

　　最後，作為本書的總結，我想提供幾個在決定是否要提早退休之前，很重要的過濾問題，你可以檢視看看。甚至即便你已經退休，也可以檢測看看是否要再創業、找副業，或是重返職場：

退休金準備

　　① 是因為想要陪伴父母、想要跳離職場的火坑而急於想提早退休，卻沒有仔細按照前面的章節中所說算過經濟面行不行？

　　② 用前面提到的 3.3% 法則（或甚至 3%）計算你的生活費和退休金，你是否已經過關了（請記得如果有負債，必須從退休資產中扣除，並逐一確認過那些晚年會發生的醫療與照顧費用是否已經有保險保障，或是從理財計畫中能夠支應）？

　　③ 你的身上背了多少人？配偶、父母、子女，未來會不

會可能是你的退休生活的變數？父母的養老金真的足夠？有沒有可能成年子女回家打秋風？

④ 萬一熟年離婚，或是配偶有變故，你是否能經濟獨立，一個人生活？

⑤ 你有仔細算過，提早退休會讓你少了多少勞保／公保、勞退給付？就算因此在 65 歲時，你的資產比你工作表現不怎樣的同梯少 1,000 萬元，你也會義無反顧？

理財成熟度

⑥ 你對於本書介紹的長期穩定投資，了解度與接受度有多少？會不會覺得這樣理財太無聊？有沒有易於被新鮮的投資方式吸引的可能？

⑦ 你會不會比較大而化之，覺得記錄費用和資產變化很麻煩？（的確有人會因此過一陣子之後才發現情況失控）

心理準備

⑧ 離開工作是因為壓力太大？是因為看到網路上有很多人退休後遊山玩水也很想效法？還是你真的有從旅行中看見不同的意義？也有很想去從事的興趣？

⑨ 對於本書分享的退休理財和退休生活規畫，你是充滿了期待想嘗試，還是感覺壓力很大？

⑩ 沒有名片與頭銜，對你來說是不是很重要的事？你的同梯位居要職，撞見正穿著拖鞋去市場買菜的你，你是否會感到尷尬？

⑪ 你是否有自覺，退休後的自己不會成為家人精神壓力的來源？

⑫ 對於退休，你的家人是否贊成，還是有顧慮？你是否了解他們的顧慮，也能夠溝通自己的主張，獲得他們的認同？當家人不認同時，你是否會感到很大的精神壓力？

⑬ 你是否習慣獨立？還是沒有親友陪伴就不太行？當你以前的同事朋友都忘了你這個人的存在，你會不會主動出擊去找朋友？

⑭ 退休後是否有可以互相協助的親友圈？當憂慮的時候，有沒有可以理解你的人能夠聊一聊？

⑮ 退休後有沒有可能家人認為你反正沒事，所以把長輩

照顧責任全部交給你？

備案計畫

⑯ 萬一進入退休發現退休金不足時，你是否有其他創造收入的副業，或是重返職場的可能？

如果以上任何一題有疑慮，我都建議你先釐清再談退休。而如果你已經進入退休期才發現上述有問題，別擔心，我之所以能寫出這些問題，就是因為我是過來人。我並沒有做好準備就退休，所以我了解大部分退休後的衝擊。我相信只要你願意和我一樣採取行動，一切最後都會沒問題。

最後，我想分享我很喜歡的一本書，也就是指數化投資之父約翰・柏格（John Bogle）的《夠了（Enough）》這本書，他在序言中提到的：

「不懂得『夠了』的道理，讓我們在人生中走離了正道，我們在錯誤的方向上奔跑；我們經常在瞬間即逝，終究毫無意義的祭壇前俯首跪拜，卻不知珍惜利益計算以外的永恆事物」，「我們對財富的崇拜，應該夠了」。

在最後一章中他引述「美國心理學家雜誌（American

Psychologist）」的文章說，「決定我們是否幸福的，不是金錢，而是以下三個特質：（一）自主權：我們是否能夠掌握自己的人生，做我們想做的事情，（二）與人交流：關心我們的家人，和朋友同事來往，結交各種朋友，（三）發揮能力：運用我們的天賦才能，和學習而來的才能，發憤學習。」

我想為這本書做一個最後的註解，我認為達成財務自由非常重要，因為那是為自己拿到人生的自主權；但金錢是否「夠了」，不是互相去比較有幾棟房子，每年有幾百萬元的現金流，那些東西「夠了」之後就是「夠了」。

但財務自由之後，是不是要提早退休？退休只是人生幾個重要轉彎的地方之一，退休並不是畫下停止學習的休止符。**如果能夠持續一個學習型的人生，即便你不是最富貴，也能成為一個很幸福的人。**這也是我在退休後很大的體悟。

感謝閱讀這本書，祝福能有「夠了」的退休金，並擁有健康而幸福的第三人生。

附錄1 讀者專屬！退休規畫工具包

如果讀者看完本書，想要認真採取行動，可下載嫻人準備的退休規畫工具包，可以輸入網址：https://reurl.cc/bEvAOI（皆為英文，區分大小寫），或掃描右方 QR Code，皆可連結到 Google 文件下載進行試算：

工具包說明

①各章簡易試算工具

編號	搭配閱讀章節	頁次	情境
1	第2章	p.060	總報酬率換算為年化報酬率
2	第2章	p.060	年化報酬率換算為總報酬率
3	3-3圖解操作 Step1	p.221	年金現值：未來每月固定領一筆錢，現在等於多少？
4	3-3圖解操作 Step2	p.222	折現：未來的一筆錢，等於現在多少錢？
5	3-6範例1	p.261	複利終值：現在一筆錢未來等於多少？
6	3-6範例1	p.261	年金終值：固定每月存一筆錢，未來會等於多少？
7	3-6範例1～3	p.261	有了目標退休金數字，計算現在起每個月需要存多少錢？
8	3-6表3	p.267	需要幾年可以達到退休金目標？

②退休費用預估試算表
（搭配閱讀 3-2）

③退休準備金資產負債表
（搭配閱讀 3-3）

④ 4% 法則退休金試算表
（搭配閱讀 3-4）

⑤退休現金流試算表
（搭配閱讀 3-5）

退休金計算器參考網站

如果可以讀英文，以下兩個網站的退休金計算器也可以進去試算看看退休金：

① Bankrate：https://www.bankrate.com/retirement/retirement-calculator/

② Financial Mentor：https://financialmentor.com/calculator/retirement-withdrawal-calculator

附錄2 參考文章

- To spend your assets well when you retire——confront your biases now.（2022.06.29）

  （退休時善用你的資產——正視你的偏見）

  作者：Amanda Lott
  來源：J.P. Morgan Private Bank

- Warren Buffett says index funds make the best retirement sense 'practically all the time'（2017.05.14）

  （巴菲特說指數型基金幾乎所有時間對於退休理財都是最好的選擇）

  作者：Trent Gillies
  來源：CNBC

- Warren Buffett says Jack Bogle did more for the individual investor than anyone he's ever known（2019.01.16）

  （巴菲特表示約翰柏格是他認識的人當中對散戶貢獻最大的人）

  作者：John Melloy
  來源：CNBC

- Experts Forecast Stock and Bond Returns: 2022 Edition（2022.01.14）

  （股票及債券回報專家預測：2022 年版）

  作者：Christine Benz
  來源：Morningstar

- Experts Predict Stock and Bond Market Returns: Bear-Market Edition（2022.07.15）

  （股票及債券回報專家預測：熊市版）

  作者：Christine Benz
  來源：Morningstar

- Do bucket strategies stand the test of time?（2019.02.12）

  （3 桶金配置法是否禁得起時間考驗？）

  作者：Mark Hulbert

  來源：MarketWatch

- Is the 4% Rule Dead?（2019.03.17）

  （4% 法則已死？）

  作者：Ruth Saldanha

  來源：Morningstar

- Is It Time to Move to Cash? The Father of the 4% Retirement Withdrawal Rule Did.（2022.06.06）

  （轉持現金的時機到了嗎？4% 法則之父這樣做）

  作者：Matthew Sommer

  來源：Kiplinger

- Morningstar's Diversification Landscape（2022.07.15）

  （晨星的分散投資展望 –2021 年版）

  來源：Morningstar

- Your Retirement: Dividends Or Capital Gains?（2012.09.26）

  （退休：股息還是資本利得？）

  作者：Bill Harris

  來源：Forbes

- How to Know if the 50/30/20 Budget Will Work for You （2022.09.06）

  （如何知道 50/30/20 預算分配法是否適合你？）

  作者：Emma Kerr

  來源：U.S. News

- The State of Retirement Income: Safe Withdrawal Rates (2021)
  （退休收入：安全的提領率）
  來源：Morningstar

- Managing Post-Retirement Risks: Strategies for a Secure Retirement (2020)
  （管理退休後風險：安心退休攻略）
  來源：Society of Actuaries

- Common Post-Retirement Risks You Should Know (2021.09.15)
  （你該知道的常見退休後風險）
  作者：KEN HAWKINS
  來源：Investopedia

- Retirement Risks (2022.09.12)
  （退休風險）
  作者：Elaine Silvestrini
  來源：Annuity.org

- Retirement Risk Solutions (2017)
  （退休風險解方）
  作者：David Littell
  來源：The American College

- 老後資金どうしよう…50 歳以降に迎える「収入ダウンの４つの崖」（2022.05.25）
  （老後資金該怎麼辦？50 歲開始會面臨的 4 項收入驟減懸崖）
  作者：長谷川淳
  來源：PHP 研究所

- You're probably not ready to retire——psychologically（2019.08.4）

  （你可能還沒準備好退休——心理面）

  作者：Jonathan Burton
  來源：MarketWatch

- Why retirement can be bad for your health（2013.05.16）

  （為什麼退休會損害你的健康？）

  作者：Caroline Parkinson
  來源：BBC

- How To Combat Depression After Retirement（2022.08.30）

  （如何對抗退休後的憂鬱？）

  作者：Daniel Kurt
  來源：Investopedia

- 40 歲才找到第一份正職 《被討厭的勇氣》作者：一場大病，讓我擁有當普通人的勇氣（2019.03.18）

  作者：黃惠如
  來源：天下部落格

- 面對第三人生，你準備好了嗎？

  來源：教育部

- A Retirement Readiness Checklist（2022.09.07）

  （退休準備度檢核表）

  作者：Christine Benz
  來源：Morningstar

353

附錄❸ 參考書目

中文書籍

- 《智慧型股票投資人》
  作者：班傑明・葛拉漢（Benjamin Graham）
  出版：寰宇

- 《精算師給你做得到的安心退休指南：年金、儲蓄、支出、長照，全方位盤算的務實提案》
  作者：佛瑞德列克・維特斯（Frederick Vettese）
  出版：Smart 智富

- 《約翰柏格投資常識》
  作者：約翰・柏格（John C. Bogle）
  出版：寰宇

- 《夠了：約翰・伯格談金錢的最佳策略》
  作者：約翰・伯格（John C. Bogle）
  出版：早安財經

- 《漫步華爾街：超越股市漲跌的成功投資策略》
  作者：柏頓・墨基爾（Burton G. Malkiel）
  出版：天下文化

- 《漫步華爾街的 10 條投資金律：經理人不告訴你，但投資前一定要知道的事》
  作者：柏頓・墨基爾（Burton G. Malkiel）
  出版：樂金文化

- 《鄉民的提早退休計畫〔觀念版〕》
  作者：泰勒・雷利摩爾（Taylor Larimore）、梅爾・林道爾（Mel Lindauer）、麥可・勒巴夫（Michael LeBoeuf）
  出版：樂金文化

- 《投資金律：建立獲利投資組合的四大關鍵和十四個關卡》
  作者：威廉‧伯恩斯坦（William Bernstein）
  出版：臉譜

- 《投資前最重要的事》
  作者：班‧卡爾森（Ben Carlson）
  出版：商周出版

- 《把小錢滾成大財富：愈早看破愈早財務自由的存錢迷思》
  作者：班‧卡爾森（Ben Carlson）
  出版：時報出版

外文書籍

- 《If You Can: How Millennials Can Get Rich Slowly》
  （如果你可以：Y世代如何慢慢變有錢）
  作者：William J Bernstein
  出版：Efficient Frontier Publications

- 《Retirement Planning Guidebook: Navigating the Important Decisions for Retirement Success》
  （退休規畫指南：導航成功退休的重要決策）
  作者：Wade D. Pfau
  出版：Retirement Researcher Media

- 《How Much Money Do I Need to Retire？》
  （我需要多少錢才能退休？）
  作者：Todd Tresidder
  出版：Todd Tresidder

- 《How to Make Your Money Last - Completely Updated for Planning Today: The Indispensable Retirement Guide》
  (如何讓你的錢在退休生活中持續下去 – 全新更新，今天就可以開始規畫：不可或缺的退休指南)
  作者：Jane Bryant Quinn
  出版：Simon & Schuster

- 《Purposeful Retirement: How to Bring Happiness and Meaning to Your Retirement》
  (有意義的退休生活：如何為退休生活帶來幸福與意義)
  作者：Hyrum W. Smith
  出版：Mango

- 《定年前、しなくていい５つのこと～「定年の常識」にダマされるな！～》
  (退休前不用做也沒關係的５件事 不要被「退休的常識」騙了)
  作者：大江英樹
  出版：光文社

國家圖書館出版品預行編目資料

提早退休說明書：定時程、估預算、存夠錢，登出職場前
該做的全方位計畫／嫺人著. -- 一版. -- 臺北市：Smart智
富文化，城邦文化事業股份有限公司，2022.10
　面；　　公分
ISBN 978-626-96345-5-2(平裝)

1.CST：投資 2.CST：理財 3.CST：生涯規劃 4.CST：退休

563.5　　　　　　　　　　　　　　　　　111016094

Smart 智富

提早退休說明書
定時程、估預算、存夠錢，登出職場前該做的全方位計畫

作者	嫺　人
主編	黃嫈琪
商周集團	
執行長	郭奕伶
總經理	朱紀中
Smart 智富	
社長	林正峰（兼總編輯）
總監	楊巧鈴
編輯	邱慧真、施茵曼、林禹盈、陳婕妤、陳婉庭、蔣明倫、劉鈺雯
協力編輯	曾品睿
資深主任設計	張麗珍
封面設計	廖洲文
版面構成	林美玲、廖彥嘉
出版	Smart 智富
地址	104 台北市中山區民生東路二段 141 號 4 樓
網站	smart.businessweekly.com.tw
客戶服務專線	（02）2510-8888
客戶服務傳真	（02）2503-5868
發行	英屬蓋曼群島商家庭傳媒股份有限公司城邦分公司
製版印刷	科樂印刷事業股份有限公司
初版一刷	2022 年 10 月
初版五刷	2023 年 12 月
ISBN	978-626-96345-5-2